Steinbach, Alisa

Gender- und Diversitykompetenz
in der Schulsozialarbeit

Für meine Eltern, meine Schwester

und Dean.

Danke für Eure Unterstützung und Liebe.

Steinbach, Alisa

Gender- und Diversitykompetenz in der Schulsozialarbeit

Norderstedt: Verlag Books on Demand, 2021

Bibliografische Information der Deutschen Nationalbibliothek: Die Deutsche Nationalbibliothek verzeichnet diese Publikation in der Deutschen Nationalbibliografie; detaillierte bibliografische Daten sind im Internet über http://dnb.dnb.de abrufbar.

© 2021 BoD – Books on Demand

Herstellung und Verlag: BoD – Books on Demand, Norderstedt
Umschlaggestaltung: BoD – Books on Demand

ISBN: 978-3-7543-5136-9

Inhalt

Vorwort und Einführung

Zum Inhalt des Buches

Die Soziale Arbeit bildet schon immer einen Bereich, in dem Differenzen eine zentrale Rolle einnehmen. Dadurch lag je nach Zeitalter oder auch Kontext der Schwerpunkt auf unterschiedlichen Differenzlinien.[1] Welche Auswirkungen solche Differenzlinien für die betroffenen Personen haben und wie die Soziale Arbeit einen adäquaten Umgang mit Gender und Diversity finden kann, stellt eines der Themen dar, welches innerhalb des Buches anhand der Schulsozialarbeit thematisiert wird.

Betrachtet man den Bereich der Schule, so treffen hierbei eine Vielfalt an Menschen aufeinander. Je nach Umgang mit dieser Vielfalt durch Schulsozialarbeiter:innen kann es zu positiven wie auch negativen Auswirkungen kommen. Um diese Thematik näher zu betrachten, wurde das Thema „Gender- und Diversitykompetenz in der Schulsozialarbeit" gewählt. Wirft man einen Blick auf den empirischen Forschungsstand und andere theoretische Auseinandersetzungen zu Schulsozialarbeit, wird deutlich, dass Gender- und Diversityfaktoren bisher noch wenig Beachtung finden.[2] In Bezug auf Gender beschreibt Rainer, dass es zwar eine Beschäftigung mit der Thematik innerhalb

---

[1] Vgl. Mecheril/Plößer 2015: S. 323.
[2] Vgl. Buschhorn/Karsunky/ Werthmanns-Reppekus 2014: S. 147.

des Feldes der Sozialen Arbeit gibt, aber Forschungen speziell zur Schulsozialarbeit noch rar sind.[3]

In Deutschland gibt es seit Dezember 2018 die Möglichkeit für intergeschlechtliche Personen in das Personenstandsregister bei der Geburt neben männlich/weiblich auch die Kategorie divers sowie keine Angabe eintragen zu lassen. Eine spätere Eintragung in divers, ist hierbei mit einem medizinischen Nachweis verbunden, der auf Grundlage von körperlichen Faktoren beruht.[4] In Bezug auf ein Alltagsverständnis von zwei Geschlechtern hat aber auch diese Gesetzesänderung kaum etwas verändert. So besteht im Alltag noch fast immer der Zwang sich einordnen zu müssen, beziehungsweise eine Rolle zu erfüllen, um nicht Ausgrenzung zu erfahren.

In Bezug auf weitere Kerndimensionen von Diversity beschreibt Brungs, dass Bildungschancen in Deutschland mehr als in anderen Ländern von der sozialen Herkunft bestimmt werden, wodurch dann auch Leistungen in der Schule dadurch beeinflusst werden. So ist das deutsche Bildungssystem auf das Leben einer Familie der Mittelschicht gerichtet, wodurch dann unterschiedliche Forschungen zu dem Ergebnis kamen, dass hieraus häufig Bildungsbenachteiligungen von Kindern mit „Migrationshintergrund" resultieren. Diese Benachteiligung kann sich dann in ganz unterschiedlichen Bereichen zeigen.[5]

---

[3] Vgl. Rainer 2020: S. 165-166.
[4] Vgl. Antidiskriminierungsstelle 2020.
[5] Vgl. Brungs 2018: S. 472.

Auch kommt es durch Demonstrationen wie die, der „Black Lives Matter-Bewegung" zu einem Bewusstsein innerhalb der Gesellschaft von Gewalt gegen Black Indigenous and People of Color (BIPoC), welche durch Polizeigewalt in den USA getötet wurden. Im Jahr 2020 gab es somit auch die ersten Demonstrationen in Deutschland, welche auf diese Thematik aufmerksam machen wollten. Gleichzeitig lässt sich in diesem Rahmen der Anschlag von Hanau im selben Jahr nennen, bei dem Menschen wegen ihres „Migrationshintergrund" getötet wurden. Innerhalb dieses Buches sollen nun diese und andere Faktoren, welche zu Diskriminierung führen können, näher erläutert werden.

Da Sprache unsere Realität formt, soll diese nicht nur im letzten Teil des Buches einen Platz erhalten, sondern es fand auch eine bewusste Entscheidung gegen den Genderstar statt. Anstelle des Sternchens findet sich in der Arbeit ein Doppelpunkt. Der Doppelpunkt wurde gewählt, da dieser im Vergleich zu beispielsweise dem Genderstar von Sprachausgabeprogrammen als Pause wahrgenommen wird. Dadurch kann dann die Verwendung von gendergerechter Sprache herausgehört werden. Somit bildet dieser eine Möglichkeit für barriereärmere Sprache und ermöglicht Inklusion.[6] Auch ist es meiner Meinung nach wichtig zu verdeutlichen, dass ich dieses Buch aus meiner subjektiven Sicht als weiße, cis-Frau[7] schreibe und so eben dieser Blickwinkel durch die Arbeit verdeutlicht wird.

---

[6] Vgl. Deutschlandfunk Kultur 2020.

[7] *„Cis oder cis-geschlechtlich werden Menschen genannt, die sich dem Geschlecht zugehörig fühlen, das ihnen bei der Geburt zugewiesen wurde. Cis (engl. „diesseits") ist in diesem Sinne das Gegenteil von Trans*."* (Palzkill/Pohl/Scheffel 2020: S. 120)

Um die Wichtigkeit von Gender- und Diversitykompetenz deutlich zu machen, lautet die Forschungsfrage „Welche Bedeutung hat Gender- und Diversitykompetenz für die Schulsozialarbeit und wie kann diese davon profitieren?". Zum Finden von Antworten auf die Forschungsfrage wurde das Buch in die vier Kapitel Schulsozialarbeit, Gender, Diversity sowie Gender- und Diversitykompetenz und Schulsozialarbeit gegliedert. Zuerst einmal soll hierbei ein Überblick über die Schulsozialarbeit gegeben werden. Das zweite Kapitel bildet das Thema Gender. Hierbei sollen durch eine Einführung in sex und gender, Grundlagen zum Thema gelegt werden. Nachfolgend findet sich das Konzept des doing gender sowie als Abschluss des Kapitels, Genderkompetenz. Das dritte Kapitel bildet das Thema Diversity, in welchem wiederum mit einer Einführung gestartet wird. Im Anschluss finden sich die drei Hauptlinien von Diversity für die Soziale Arbeit, die Dimensionen von Diversity, das Konzept des doing difference und zum Abschluss der Unterpunkt Diversitykompetenz. Den vierten und letzten Teil des Buches bildet Gender- und Diversitykompetenz und Schulsozialarbeit. Hierbei soll zuerst die Bedeutung von Gender- und Diversitykompetenz für die Schulsozialarbeit herausgearbeitet werden. Zuletzt soll der Nutzen von Gender- und Diversitykompetenz für die Schulsozialarbeit anhand von Sprache aufgezeigt werden.

Der Inhalt des Buchs wurde an der Hochschule für Wirtschaft und Gesellschaft in Ludwigshafen am Rhein im Sommersemester 2021 als Bachelorarbeit eingereicht.

Danksagungen

An dieser Stelle möchte ich den Menschen danken, ohne die meine Bachelorarbeit und somit auch dieses Buch nicht entstanden wäre.

Ein sehr großer Dank geht an meine Familie. Zuerst einmal an meine Eltern, die mich immer unterstützen und an mich glauben. Außerdem an meine Schwester für all die Stunden des Korrekturlesens und des Daseins.

Meiner Erstkorrektur der Bachelorarbeit für die Ermutigung und hilfreichen Impulse für dieses Buch.

Zuletzt geht ein besonderer Dank an Dean. Vielen Dank für viele anregende Gespräche, die tiefe Verbundenheit und unsere Freund:innenschaft.

Alisa Steinbach, Gondelsheim, 9.10.21

1. Schulsozialarbeit – ein Überblick

Zuerst einmal kann festgehalten werden, dass der Begriff „Schulsozialarbeit" keinen deutschlandweit einheitlichen Begriff darstellt. Der Begriff ist zwar mehrheitlich innerhalb von Deutschland verbreitet, aber innerhalb der Fachliteratur wird beispielsweise auch von Sozialarbeit in der Schule, schulbezogener Jugendsozialarbeit oder Jugendsozialarbeit an Schulen gesprochen. Dadurch ist trotz einer bereits 50-jährigen Einwicklung von dieser in der Bundesrepublik Deutschland, auch das Fassen einer klaren und offiziellen Definition nicht möglich.[8] Die weiteren Ausführungen sollen sich nun an der Definition von Speck orientieren: *„ Unter Schulsozialarbeit wird [...] ein Angebot der Jugendhilfe verstanden, bei dem sozialpädagogische Fachkräfte kontinuierlich am Ort Schule tätig sind und mit Lehrkräften auf einer verbindlich vereinbarten und gleichberechtigten Basis zusammenarbeiten, um junge Menschen in ihrer individuellen, sozialen, schulischen und beruflichen Entwicklung zu fördern, dazu beizutragen, Bildungsbenachteiligung zu vermeiden und abzubauen, Erziehungsberechtigte und Lehrer_innen bei der Erziehung und dem erzieherischen Kinder- und Jugendschutz zu beraten und zu unterstützen sowie zu einer schülerfreundlichen Umwelt beizutragen. "*[9]

Wirft man einen Blick auf die unterschiedlichen Ausgestaltungen von Schulsozialarbeit innerhalb von Deutschland, so ist diese Kontinuität häufig nicht

---

[8] Vgl. Pötter 2018: S. 19-20.
[9] Speck zit. nach Pötter 2018: S. 20.

gegeben. Es benötigt also der Ausdehnung der Stellen in der Schulsozialarbeit. So ist es keine Seltenheit, dass die Schulsozialarbeit eine befristete Teilzeitstelle darstellt oder auch, dass ein:e Schulsozialarbeiter:in für mehrere Schulen zuständig ist.[10]

Wie in der Definition dargelegt, ist Schulsozialarbeit ein Angebot der Jugendhilfe. Dadurch steht hierbei das Sozialgesetzbuch Achtes Buch im Fokus und stellt neben den Schulgesetzen des jeweiligen Bundeslandes eine der gesetzlichen Grundlagen der Schulsozialarbeit dar. Im SGB VIII lassen sich hierbei § 1 – Recht auf Erziehung, Elternverantwortung und Jugendhilfe, § 2 – Aufgaben der Jugendhilfe, § 11 Jugendarbeit und § 13 Jugendsozialarbeit nennen. Bisher findet sich aber noch kein eigenständiger Paragraph zu Schulsozialarbeit.[11] Als Hauptbezugsparagraph wird oftmals der § 13 SGB VIII (Jugendsozialarbeit) genannt, welcher im Absatz 1 beschreibt, *„Jungen Menschen, die zum Ausgleich sozialer Benachteiligungen oder zur Überwindung individueller Beeinträchtigungen in erhöhtem Maße auf Unterstützung angewiesen sind, sollen im Rahmen der Jugendhilfe sozialpädagogische Hilfen angeboten werden, die ihre schulische und berufliche Ausbildung, Eingliederung in die Arbeitswelt und ihre soziale Integration fördern."[12]* Würde man somit nur diesen Paragraphen betrachten, würde die Zielgruppe sich auf diejenigen begrenzen, welche sozial benachteiligt und individuell beeinträchtigt sind. Da ein Ziel von Schulsozialarbeit ist, gegen Bildungsbenachteiligung vorzugehen, bedarf es aber einem größeren

---

[10] Vgl. Stüwe/Ermel/Haupt 2015: S. 11.
[11] Vgl. Pötter 2018: 31-33.
[12] § 13 I SGB VIII.

Blick.[13] So beschreiben auch Spies und Pötter, dass Schulsozialarbeit sich nicht auf eine bestimmte Gruppe fixieren sollte, sondern der Hilfebedarf im Vordergrund stehen muss. So beschreiben die Beiden auch, dass es bei allen Schüler:innen zu so einem eventuell auch nur zeitlichen Hilfebedarf während der Schulzeit kommen kann.[14]

Die Hauptzielgruppe von Schulsozialarbeit stellen somit alle Schüler:innen einer Schule dar, welche durch präventive und interventive Angebote unterstützt werden sollen. Außerdem bildet Schulsozialarbeit auch für die Lehrkräfte sowie die Schulleitung eine Unterstützungsmöglichkeit und diese sind außerdem Kooperationspartner:innen.[15] Dadurch dient die Schulsozialarbeit hierbei unter anderem als Beratung oder auch Vermittlung in Konflikten zwischen Schüler:innen und Lehrkräften. Die dritte Zielgruppe stellen die Erziehungsberechtigten dar, welche als meist enge Bezugspersonen von Schüler:innen ebenfalls eine wichtige Rolle einnehmen und so zum Beispiel Beratung in Anspruch nehmen können.[16]

Betrachtet man die Bandbreite an Leistungen und Angeboten der Schulsozialarbeit, lassen sich nach Pötter vier große Felder herausarbeiten. Diese sind Einzelfallhilfe und Beratung in persönlichen Problemlagen, die Arbeit mit Schulklassen, Netzwerkarbeit innerhalb der Schule und mit anderen

---

[13] Vgl. Pötter 2018: S. 33.
[14] Vgl. Spies/Pötter 2011: S. 46.
[15] Vgl. Speck 2020: S. 65.
[16] Vgl. Speck 2020: S. 65-66.

Kooperationspartner:innen sowie die Arbeit im Gemeinwesen und zuletzt offene Angebote, welche sich an alle Schüler:innen richten.[17]

Im letzten Teil des Buches soll unter anderem anhand von Sprache der Beratungskontext sowie die Arbeit mit Schulklassen genauer betrachtet werden und so ein Beispiel für den Nutzen von Gender- und Diversitykompetenz verdeutlicht werden.

Als Grundsätze der Schulsozialarbeit können eine präventive Orientierung, eine sozialpädagogische Dienstleistungsorientierung, eine Bandbreite an unterschiedlichen Vorgehensweisen sowie Thematiken, Zusammenarbeit und Absprache mit Trägerschaften über die jeweiligen Angebote, der Grundsatz der Freiwilligkeit für die Zielgruppe, ein Wunsch – und Wahlrecht, Partizipation von Schüler:innen bei Maßnahmen, die mit ihnen zusammenhängen, die Schweigepflicht, der Vorrang des Elternrechts, der Schutzauftrag im Kontext von Kindeswohlgefährdung und ein Anspruch eines offensiven Handelns genannt werden.[18]

Ein weiterer Faktor, welcher auch für die Forschungsfrage an Bedeutung gewinnt, ist die Niederschwelligkeit. Diese kennzeichnet sich zum einen dadurch, dass es für die Inanspruchnahme beispielsweise einer Beratung keiner Voraussetzungen bedarf. So sollte im besten Fall durch verschiedene Möglichkeiten einfach Kontakt zur Schulsozialarbeit aufgebaut werden können, um so schnell Unterstützung zu erhalten. Diese Niedrigschwelligkeit ist häufig durch die bereits genannte

---

[17] Vgl. Pötter 2018: S. 30.
[18] Vgl. u.a. Kunkel zit. nach Speck 2020: S. 88.

Stellensituation von Schulsozialarbeit nur eingeschränkt möglich. Ein weiterer Faktor dieser Niedrigschwelligkeit beschreibt auch der Ort, an dem sich die Schulsozialarbeit innerhalb der Schule befindet. Dadurch kann hierbei die Lage zu beispielsweise Barrieren führen.[19] Des Weiteren kann eine offene Tür bei Anwesenheit von Schulsozialarbeiter:innen den ersten Kontakt erleichtern oder auch durch Sprache eine Barriere aufgebaut werden.

Im nächsten Schritt soll nun eine Beschäftigung mit sex und gender stattfinden.

---

[19] Vgl. Stüwe/Ermel/Haupt 2015: S. 38.

2. Gender

2.1 Einführung sex und gender

Um im späteren Verlauf dieses Unterpunktes ein Verständnis von Genderkompetenz zu erlangen, soll nun zuerst ein Blick darauf geworfen werden, was gender bedeutet. Da gender mit dem Begriff sex zusammenhängt, soll auch dieser hierbei erläutert werden.

Zuerst einmal kann festgehalten werden, dass gender das kulturelle oder auch soziale Geschlecht von Menschen beschreibt. Im Vergleich dazu wird der Begriff sex als biologisches Geschlecht übersetzt. So werden die Begriffe maskulin/feminin mit gender in Verbindung gebracht und männlich/weiblich mit dem biologischen Geschlecht.[20]

Als Ausgangspunkt für die beiden Begriffe kann der medizinisch-psychiatrische Kontext gesehen werden. Hierbei fanden sich im Jahr 1950 die beiden Sexualwissenschaftler John Money und John Hampson vor der Problemstellung biologische und soziokulturelle Faktoren des Geschlechts in Einklang zu bringen. So kamen die Beiden während ihrer Arbeit mit Menschen zusammen, die sich nicht mit ihrem biologischen Geschlecht identifizieren konnten und sich somit dem jeweils anderen zuordneten. Um eine sinnvolle Art der Unterstützung für die biologische Angleichung des Geschlechts leisten zu können, griffen die Beiden

---

[20] Vgl. Funk 2018: S. 18.

auf die Unterscheidung von sex und gender zurück.[21] Eine Weiterentwicklung dieser Unterscheidung fand durch die Studie *„Sex and Gender: On the Development of Masculinity und Feminity"* (1968) von Robert Stoller statt. Stoller wollte dadurch die Abweichung vom körperlichen Geschlecht zur Geschlechtsidentität verdeutlichen sowie weiter erforschen.[22] Die Begriffe sex und gender sind seit Anfang der siebziger Jahre auch in einem feministischen Rahmen diskutiert worden. Hierbei wollte man Kritik an zugeschriebenen biologischen Faktoren von Frauen üben.[23]

Für die Soziale Arbeit beschreibt Fleßner, dass eine Genderstruktur tief in dieser verwurzelt ist und dadurch auch die Verbindung von Sozialer Arbeit und geschlechtlicher Segregation besteht.[24] Der Begriff gender findet sich in Deutschland seit 1980.[25] Sex hingegen findet sich schon zwanzig Jahre früher, aber wurde in Deutschland synonym für Geschlechtsverkehr eingesetzt. Der Begriff gender wurde hierbei aus dem Englischen in die deutsche Sprache übernommen, da die doppeldeutige Auslegung von Geschlecht als biologisches und soziales Geschlecht sich bis dato nicht im Deutschen fand.[26]

So wurde der Begriff Geschlecht dafür eingesetzt einen scheinbar klaren Fakt, der sich in männlich oder weiblich zeigte, zu beschreiben. Gender hingegen dient dazu einen Vorgang zu erläutern. So zeigt sich gender im Verhalten und der eigenen

---

[21] Vgl. Abdul-Hussain 2012: S. 22-23.
[22] Vgl. Stoller zit. nach Becker-Schmidt/Knapp 2000: S. 69.
[23] Vgl. Becker-Schmidt/Knapp 2000: S. 69.
[24] Vgl. Fleßner 2011: S. 62.
[25] Vgl. Ehlert 2012: S. 5.
[26] Vgl. Funk 2018: S. 19.

Definition eines jeden Menschen.[27] Somit ist der Begriff gender zu einem Bestandteil der deutschen Sprache geworden. Aus diesem Grund finden sich laut Duden sechzehn weitere Wörter, welche sich vom Begriff gender ableiten lassen. So beschreibt der Begriff Gender-Pay-Gap, die Differenz hinsichtlich des Gehaltes zwischen Männern und Frauen.[28] In Bezug auf die Erkenntnisse von Money und Hampson lässt sich außerdem der Begriff transgender nennen, welcher die falsche Geschlechtseinordnung einer Person beschreibt.[29] Im nächsten Unterpunkt soll außerdem ein Blick auf den Vorgang des doing gender geworfen werden.

An der klaren Unterscheidung von sex und gender wurde unter anderem von Judith Butler Kritik geübt. So wurde sex gerne als das primäre oder auch der wichtigere Teil des Geschlechts dargestellt, aus dem sich dann gender ergab. Durch die bereits erläuterten Forschungen im medizinisch-psychiatrischen Kontext wird aber klar, dass diese Verknüpfung sich nicht automatisch aufbauen lässt.[30]

Auch die Biologie, die sich häufig als sehr klar in Bezug auf Geschlecht darstellt, kann diese Klarheit nicht halten. So beschreibt Heinz-Jürgen Voß eine Vielzahl von chromosomalen sowie genetischen Erscheinungsformen für Geschlecht. Dadurch findet sich ein Kontinuum zwischen den Polen „männlich" und „weiblich".[31]

---

[27] Vgl. Funk 2018: S. 19.
[28] Vgl. Duden 2021.
[29] Vgl. Duden 2021.
[30] Vgl. Funk 2018: S. 87.
[31] Vgl. Voß 2018: S. 166.

So greift auch die neue Theoriebildung nicht mehr auf diese Trennung zurück. Ausgehend von einem durch den Konstruktivismus geprägten Bild der sozialen Wirklichkeit, ist Geschlecht als generell konstruiert zu verstehen. So beschreibt auch der symbolische Interaktionismus, dass das menschliche Handeln auf der Grundlage von zugeschriebenen Bedeutungen funktioniert. Diese Bedeutungen resultieren hierbei aus der Gesellschaft. Dies ist für Thon auch bei der Benennung eines körperlichen Geschlechts der Fall. Dadurch wird durch die Interpretation von einem körperlichen Merkmal diesem eine Bedeutung zugeschrieben und dadurch resultiert die Einteilung in ein Geschlecht. Es geht also nicht darum biologische Unterschiede auszublenden, sondern sich bewusst zu machen, wie es durch die kulturelle Bedeutung zu einer zweigeschlechtlichen Einteilung kommt.[32]

Eine weitere generelle Kritik an Geschlecht übt Balthes-Löhr, welche eine Einteilung in ein körperliches, soziales, psychisches und sexuelles Geschlecht vorschlägt. Gleichzeitig soll aber keine endgültige Einteilung dargelegt werden, sondern eine Offenheit für andere Kategorien von Geschlecht aufgezeigt werden.[33]

Durch die bisherigen Erläuterungen wird ein Denken in zwei Geschlechtern deutlich. So geht die Alltagstheorie von zwei Geschlechtern aus, welche die Auffassung von Eindeutigkeit, Naturhaftigkeit und Unveränderlichkeit auszeichnet. Einen anderen Blick auf Geschlecht, zeigt sich durch ethnografische Forschungen. So lassen sich hier beispielhaft die Hua aus Papua-Neuguinea nennen. Diese teilen die Menschen je nach sexuellen Körperflüssigkeiten in ein

---

³² Vgl. Thon 2017: S. 78.
³³ Vgl. Balthes-Löhr 2014: S. 31-32.

Geschlecht ein. So wird eine Frau im späteren Verlauf ihres Lebens sozial zum Mann. Gleichzeitig kann aber auch ein Mann zur Frau werden. Dadurch erleben viele Hua das Leben als Mann sowie als Frau. Diese Auslegung von Geschlecht verdeutlicht somit den selbstverständlichen Umgang mit dem Wechsel des Geschlechts.[34]

Das Denken in zwei Geschlechtern ist noch relativ jung. So ging man in der Antike von einem Ein-Geschlechter-Modell aus, welches wiederum sich aus den Genitalien schließen ließ. Es wurde also die Auffassung vertreten, dass die weiblichen sowie männlichen Genitalien miteinander übereinstimmend sind und sich nur in ihrer Lage unterschieden.[35] Erst ab dem 18. Jahrhundert kann bezogen auf biologische-medizinische Theorien von Geschlecht, von einem „Zwei-Geschlechter-Modell" gesprochen werden. Der Begriff wurde von Laquer geprägt und sollte die ab diesem Zeitpunkt klar beanspruchten physischen und physiologischen Unterschiede zwischen Männern und Frauen verdeutlichen. Dies führte dann wiederum dazu, dass durch biologische und medizinische Faktoren eine Ungleichbehandlung von Frauen gerechtfertigt werden sollte.[36]

Ehlert kommt so zu dem Ergebnis, dass die Auffassung von Körper immer in einem Rahmen von Kultur, Gesellschaft sowie in einem geschichtlichen Rahmen gesehen werden muss. Außerdem können die Faktoren Natur, Kultur und

---

[34] Vgl. Palzkill/Pohl/Scheffel et al. 2020: S. 11-12.
[35] Vgl. Voß 2011: S. 71.
[36] Vgl. Voß 2010: S. 15-16.

Gesellschaft nicht getrennt betrachtet werden. Hierbei verweist sie wie bereits erläutert auf ein vom Konstruktivismus geprägtes Bild der Wirklichkeit.[37]

Für Thon, welche einen Bezug zur feministischen Forschung aufbaut, verwirklicht sich in einem solchen binären Rahmen eine doppelte Machtwirkung, in dem Hierarchisierungen innerhalb des binären Systems bestehen, aber auch eine Machtwirkung, die sich im Zwang einer Zuordnung zeigt.[38] Dieser Zwang einer Zuordnung wird auch im Konzept des doing gender deutlich. Dieses soll nun im nächsten Unterpunkt genauer betrachtet werden.

2.2 Doing gender

Der Begriff doing gender, welcher sich theoretisch mit der Herstellung von Geschlecht auseinandersetzt, fand seit den 1990er Jahren vermehrt Verwendung in der Geschlechterforschung.[39] So kann auch die Frauenforschung hierbei genannt werden, in welcher im Zeitraum der letzten zwanzig Jahre sozialkonstruktivistische Ansätze hinsichtlich des Geschlechtes immer wichtiger wurden und in diesem Kontext auch doing gender.[40]

Der soziologische Ansatz des doing gender von Candace West und Don H. Zimmerman (1987), welcher in einem ethnomethodologischen Rahmen zu betrachten ist, entstand auf der Basis von Forschungen zum Thema Transsexualität

---

[37] Vgl. Ehlert 2012: S. 25.
[38] Vgl. Thon 2017: S. 78-79.
[39] Vgl. Rose 2015: S.67.
[40] Vgl. Rohrmann/Waneck-Sielert 2018: S. 50.

von Harold Garfinkel sowie auf Forschungen von Susan Kessler und Wendy McKenna. Kessler und McKenna erforschten hierbei die interaktive Herstellung von geschlechtstypischem Verhalten. Somit liegt beim doing gender der Fokus auf den Prozessen der Konstruktion von Geschlecht. Durch das „doing" wird hierbei ein aktives Handeln verdeutlicht.[41] Garfinkel verfasste eine Fallstudie, in der er über die trans*Person[42] Agnes schrieb. Diese wurde bei ihrer Geburt als männlich kategorisiert, doch stattdessen handelte es sich bei Agnes um eine Frau, welche auch als solche leben wollte. Dadurch musste sie sich bewusst aneignen, was es bedeutet eine Frau zu sein. Durch die Zusammenarbeit zwischen Garfinkel und Agnes kristallisierte sich der Herstellungsprozess von Weiblichkeit bei Agnes heraus. So eignete sich Agnes ein als weiblich kategorisiertes Aussehen durch beispielsweise ihre Kleidung an oder übernahm für sich ein typisch weibliches Verhalten. Kessler und McKenna verdeutlichen hierbei, dass eine einmalige Einordung in ein Geschlecht ausreicht und dazu führt, dass diese Einordnung dann immer wieder an die jeweiligen Wahrnehmungen von der Person angepasst wird. Somit findet auch bei geschlechtsuntypischem Verhalten, eine Zuschreibung in das zuvor eigeordnete Geschlecht statt.[43] Diese Tatsache beschreibt auch das Zitat *„Gender is an anchor, and once people decide what you are, they interpret everything you do in the light of that."* [44] Es wird also die Wichtigkeit der Interaktion deutlich, durch die eine Einteilung in ein Geschlecht stattfindet und somit der dauerhafte Herstellungsprozess von Geschlecht aufrechterhalten wird.

---

[41] Vgl. Wagels 2014: S. 30.

[42] Es wurde hier auf das Gendersternchen zurückgegriffen, da es sich um eine Selbstbezeichnung handelt. (Vgl. Grigowski 2016, S. 7.)

[43] Vgl. Thon 2017: S. 83.

[44] Kessler/McKenna zit. nach Thon 2017: S. 83.

Dieser Herstellungsprozess wird aber gleichzeitig auch individuell verfolgt, um nicht in ein „falsches" Geschlecht eingeteilt zu werden.[45]

Wie im letzten Unterpunkt beschrieben, geht die Alltagstheorie von einer Zweigeschlechtlichkeit aus. Dadurch bildet diese binäre Sicht das Fundament für die Konstruktion von Geschlecht. Folglich findet hierbei ein Blickwechsel statt und somit bildet Geschlecht keine individuelle Eigenschaft mehr, sondern ein Konstrukt, das permanent neu erzeugt wird.[46] Somit benennt auch Rose, dass nicht ein vorhandener Unterschied zwischen Männern und Frauen zu unterschiedlichen Merkmalen sowie Verhalten führt. Vielmehr werden geschlechtliche Bedeutungen zugeschrieben, sodass beispielsweise bestimmte Handlungen als männlich wahrgenommen werden und somit typisch männlich sind. Dadurch werden diese scheinbar klaren Unterschiede immer weiter stabilisiert.[47]

Eine solche Stabilisierung zeigt sich auch im Begriff der Performativität bezüglich Geschlechts, welcher von Butler aufgegriffen wurde. So beschreibt Butler, dass Geschlecht durch Sprache und Handlungen innerhalb der Gesellschaft entsteht und sich durch die ständige Wiederholung in beispielsweise Gesprächen verfestigt. Exemplarisch kann dies an der Benennung als Mädchen/Junge demonstriert werden. So lässt sich auch die zuvor erläuterte Praxis von typisch „männlichen" Faktoren noch einmal verdeutlichen.[48] Es kann auch festgehalten werden, dass das geschlechtliche Konstrukt nichts Feststehendes darstellt.

---

[45] Vgl. Thon 2017: S. 83.
[46] Vgl. Palzkill/Pohl/Scheffel et al. 2020: S. 14.
[47] Vgl. Rose 2015: S. 68.
[48] Vgl. Lünenborg/Maier 2013: S. 22.

Vielmehr erfordert es wie bereits erläutert ein aktives Tun, um gesellschaftliche Ideale zu erfüllen. Diese Ideale unterliegen aber zeitlichen Veränderungsprozessen.[49]

Ein weiterer Faktor, der bereits dargelegt wurde, ist es, dass die Einteilung in ein Geschlecht bei der Geburt durch scheinbar eindeutige biologische Faktoren stattfindet. Im Alltag sind die Geschlechtsorgane aber in den meisten Fällen nicht sichtbar, sodass eine Einteilung auf einer symbolischen Darstellung beruht und somit eine Zuschreibung in den für passend bewerteten Körper stattfindet.[50]

Diese Tatsache verdeutlichen auch Ansätze, welche interaktionstheoretisch geprägt sind. Somit setzt eine Interaktion den Druck zur Identifikation voraus. Was dann dazu führt, dass ein konstanter Ablauf von Zuschreibungs-, Wahrnehmungs- und Darstellungsroutinen aufrechterhalten wird. [51] Diese binäre Einteilung führt dazu, dass Männer und Frauen als Symbole in sozialen Sinnsystemen fungieren. Besonders für Kinder im Alter zwischen vier und sechs Jahren ist dieses Sinnsystem noch nicht so klar zu durchschauen. Das Kind steht so vor der Aufgabe durch die Beobachtung von anderen Menschen herauszufinden, wie es sich für das jeweilige Geschlecht „richtig" verhält. Dieses „richtige" Verhalten wird dann wiederum ab einem bestimmten Alter vorausgesetzt. Somit benennen Palzkill und ihr:e Kolleg:innen doing gender als

---

[49] Vgl. Palzkill/Pohl/Scheffel et al. 2020: S. 14.
[50] Vgl. Hageman-White zit. nach Thon 2017: S. 83.
[51] Vgl. Ehlert 2012: S. 26.

eine wesentliche gesellschaftliche Fähigkeit, die bei Menschen, welche sich nicht daran orientieren, zu gesellschaftlicher Exklusion führen kann.[52]

Dadurch spielt diese Thematik auch in der Schule eine große Rolle. Das Finden der eigenen geschlechtlichen Rolle, ist somit immer wieder mit Druck und Unsicherheiten verknüpft. Je weniger sich die jeweilige Person in das heteronormative System einordnen kann, desto höher ist der Leidensdruck. Ein ebenfalls nicht zu unterschätzender Faktor stellt die Problematik dar, dass Schüler:innen, welche die binäre gesellschaftliche Rolle sehr gut erfüllen, ebenfalls eingeschränkt werden.[53] So lässt sich hier zum Beispiel der Begriff der toxischen Männlichkeit nennen.

Den Faktoren soziale Situation und gesellschaftliche Kultur kann also eine bedeutende Rolle zugeschrieben werden, da die Geschlechtszugehörigkeit hieraus resultiert. Kessler und McKenna kommen somit auch zu der Benennung als kulturelle Genitalien. Aufbauend hierauf, kommt Wagels in ihrem Buch auch zu der Überschrift „doing gender…" und daran anknüpfend „…doing body", da nicht nur gender gemacht wird, sondern eben Körper allgemein konstruiert sind.[54]

Wie im letzten Unterpunkt erläutert, übt Butler starke Kritik an der Unterscheidung von sex und gender. Neben den beiden Begriffen nennt diese in

---

[52] Vgl. Palzkill/Pohl/Scheffel et al. 2020: S. 13-14.
[53] Vgl. Palzkill/Pohl/Scheffel et al. 2020: S. 21.
[54] Vgl. Wagels 2014: S. 30.

ihren Ausführungen den Begriff desire, welcher das sexuelle Begehren oder auch die Sexualität beschreiben soll.[55]

In diesem Rahmen betrachtet sie die Verknüpfung zwischen Körper, Geschlechtsidentität und Begehren und stellt diese als problematisch heraus. Somit veranschaulicht sich hierbei die daraus entstehende, einschränkende Zwangsordnung dieser drei Faktoren. So nennt sie in diesem Rahmen den Begriff der heterosexuellen Matrix.[56] Dadurch zeigt sich für Butler die Verflechtung von Geschlecht und Sexualität. Durch diese Verflechtung wird dann neben der Verstärkung des Denkens in zwei Geschlechtern, auch die Norm der Heterosexualität aufrechterhalten. So wird dann ein Begehren zwischen Mann und Frau als Natur gegeben dargestellt und führt zu Bevorzugungen.[57] Eine solche einschränkende Zwangsordnung wird daran deutlich, dass einer Person, welche einen als „weiblich" interpretierten Körper hat, zugeschrieben wird, dass diese sich auch sozial weiblich fühlt und darauf aufbauend lebt. Es werden dieser Person also Merkmale zugeschrieben und so zuerst einmal davon ausgegangen, dass diese heterosexuell ist.[58]

Für jeden Menschen ist dadurch geschlechtliche Identität nicht gänzlich frei. Vielmehr ist es etwas das zwischen den Polen Gesellschaft und Individuum angesiedelt ist. Dadurch spielen in diesem Rahmen Macht, Diskurs und Norm eine bedeutende Rolle. Da die Geschlechtsidentität aber etwas subjektiv Gefühltes

---

[55] Vgl. Baltes-Löhr 2014: S. 27.
[56] Vgl. Butler zit. nach Lünenborg/Maier 2013: S. 22.
[57] Vgl. Hartmann 2012: S. 152.
[58] Vgl. Gauntlett zit. nach Lünenborg/Maier 2013: S. 23.

darstellt, kann dies zu gesellschaftlicher Exklusion führen. Somit kann dies das Resultat von der Nichtübereinstimmung der eigenen sowie Fremdwahrnehmung bezüglich des Geschlechts sein.[59]

Nachdem nun eine Basis zum Thema gender aufgebaut wurde, soll nun verdeutlicht werden, was Genderkompetenz bedeutet.

2.3 Genderkompetenz

Der Begriff Genderkompetenz entstand unter anderem durch die Professionalisierung geschlechtsbezogener Ansätze und deren strukturelle Verankerung in den Sozialgesetzen. So bildet diese für Tätige in der Sozialen Arbeit heute eine Schlüsselqualifikation und ein Professionalitätsmerkmal.[60]

Aber was genau meint und beinhaltet Genderkompetenz? Als Genderkompetenz können im Kontext der Sozialen Arbeit unterschiedliche Fähigkeiten, Methoden und eine Bandbreite an Wissen bezeichnet werden. So spielt diese Kompetenz unter anderem im Kontext von Gender Mainstreaming eine bedeutende Rolle, um eine geschlechterbewusste und gleichstellungsorientierte Arbeit leisten zu können. Dadurch kann es als Ziel von Genderkompetenz bezeichnet werden, dass unterschiedliche Aspekte von Gender auf der Basis der jeweiligen Institution, aber

---

[59] Vgl. Distelhorst 2009: S. 27.
[60] Vgl. Kunert-Zier 2015: S. 137.

auch auf einer Handlungsebene in pädagogischen Interaktionen erkannt werden und unter einem Blick, der auf Gleichberechtigung zielt, Beachtung finden. [61]

Als Bestandeile von Genderkompetenz können Genderwissen, genderbezogene Selbstkompetenz und eine genderbezogene Handlungskompetenz genannt werden. Grob kann nach Kunert-Zier so ein Dreieck von Wissen, Können und Reflexion genannt werden, welche in Relation zueinanderstehen.[62]

Das Wissen beinhaltet in diesem Rahmen vor allem ein auf Gender bezogenes Fachwissen, aber auch ein Wissen über die Verhältnisse von Geschlechtern. Gleichzeitig ist in diesem Kontext aber auch ein Wissen darüber zu nennen, welche Auswirkungen sich durch zum Beispiel Zuschreibungen für ein Geschlecht ergeben.[63] Es geht also um ein Wissen, welches gesellschaftskritisch ist und so auch ein Bewusstsein über beispielsweise Machtverhältnisse, unterschiedlichem Zugang zu Ressourcen oder geschichtlichem Wissen.

Im Vergleich hierzu umfasst die genderbezogene Selbstkompetenz eine Klarheit der eigenen Bilder zu Geschlecht und die Wirkung, die daraus in der Interaktion mit anderen Menschen entsteht. Es geht also, um die Fähigkeit das eigene Tun reflexiv zu betrachten, um so zu einer Akzeptanz und Offenheit in Bezug auf Genderthematiken zu gelangen. Gleichzeitig umfasst dieser Bereich unter anderem auch ein Wissen darüber, was die Grenzen des eigenen Tuns sind, aber ebenso, welche Möglichkeiten darin liegen.[64] So lässt sich in diesem Rahmen auch

---

[61] Vgl. Böllert-Karsunky 2008: S. 7.
[62] Vgl. Kunert-Zier 2015: S. 141.
[63] Vgl. Böllert-Karsunky 2008: S. 8.
[64] Vgl. Kunert-Zier 2015: S. 140-141.

noch einmal auf den Begriff der Performativität Bezug nehmen und so auch ein Bewusstsein darüber, wie das eigene Geschlecht hergestellt und somit inszeniert wird.

Die genderbezogene Handlungskompetenz setzt sich aus unterschiedlichen Methoden zusammen, welche je nach Zielgruppe und Kontext genutzt werden können. Hierzu können die gegebenen räumlichen und konzeptionellen Faktoren reflexiv betrachtet werden und so genutzt, beziehungsweise daran gearbeitet werden, dass Dinge anders umgesetzt werden. Die Fachkräfte sind außerdem in der Lage das Wissen in Bezug auf Gender im jeweiligen Arbeitsbereich so anzuwenden, dass diese genderkompetent agieren können. Ebenso beinhaltet dieser dritte Faktor der Genderkompetenz eine verinnerlichte Perspektive, die dazu beiträgt, in der Interaktion mit anderen Genderfaktoren zu erkennen und zu analysieren.[65] Kompetenzen, die das Wissen sowie das Können umfassen, werden in diesem Rahmen auch als Handlungsfähigkeit zusammengefasst. Eine solche Handlungsfähigkeit muss aber auch angewandt werden, sodass die jeweilige Person eine Initiative ergreift und so ins Tun kommen muss. So sprechen andere Autor:innen von einem Dreieck aus Wissen, Können und Wollen, bei dem der Aspekt des Wollens sich dadurch auszeichnet, dass die jeweilige Person den Willen hat, geschlechterbewusst und gleichstellungsorientiert zu agieren.[66] Gleichzeitig heben manche dieser Autor:innen hervor, dass die individuelle Genderkompetenz eben nicht ausreicht. So können die zur Verfügung stehenden Mittel durch beispielsweise mangelhafte Möglichkeiten in Form von Ressourcen

---

[65] Vgl. Kunert-Zier 2015: S. 141.
[66] Vgl. Böllert-Karsunky 2008: S. 9.

am Arbeitsplatz oder auch keine Fortbildungsmöglichkeiten die Genderkompetenz behindern. Dieser Bereich wird so auch als „Dürfen" bezeichnet.[67]

Kunert-Zier sieht die Bereiche Genderwissen, genderbezogene Selbstkompetenz und genderbezogene Handlungskompetenz hierbei unter den Blickwinkeln privat, politisch und professionell, welche innerhalb der Genderkompetenz ineinander übergreifen.[68]

Das Private beschreibt hierbei wie im Bereich der genderbezogenen Selbstkompetenz, erläutert all jene Faktoren, welche mit der individuellen Haltung zusammenhängen und so auch Aspekte der eigenen Biografie. Außerdem durchzieht eine geschlechterbewusste Haltung ganz unterschiedliche Lebensbereiche und ist so nicht auf den beruflichen Kontext begrenzt.[69]

So kann Genderkompetenz ohne die eigene Reflexionskompetenz nicht adäquat umgesetzt werden. Betrachtet man beispielsweise das zuvor erläuterte Wissen über doing gender, wird klar, dass dieses Konzept in jeder Lebenslage und so auch in pädagogischen Interaktionen eine Rolle spielt. So beschreiben auch Budde und Venth, dass doing gender in jedem Menschen fest verankert ist und so auch unter anderem die professionelle Wahrnehmung dadurch beeinflusst wird. Infolgedessen sind Professionelle ebenso wie die jeweiligen Adressat:innen mit

---

[67] Vgl. z.B. Wanzek; Rösgen zit. nach Böllert-Karsunky 2008: S. 9.
[68] Vgl. Kunert-Zier 2015: S. 141.
[69] Vgl. Kunert-Zier 2015: S. 142.

der Thematik Geschlecht verbunden. Die Beiden beschreiben so auch, dass pädagogisches Handeln immer gleichzeitig doing gender ist.[70]

In diesem Rahmen hebt Graff den Begriff der Selbstreflexivität hervor und beschreibt die Wichtigkeit sich bewusst mit dem eigenen Lebensweg und so beispielsweise mit Erfahrungen oder verinnerlichten Werten zu beschäftigen. Es lassen sich zwar dadurch keine Projektionen in der pädagogischen Interaktion verhindern, aber durch die Selbstreflexivität kann dieser Konflikt erkannt werden.[71]

Ein politischer Aspekt von Genderkompetenz wird darin deutlich, dass ein Hinterfragen stattfindet, um dadurch zum Beispiel soziale Ungleichheit oder auch Machtverhältnisse in einem gesellschaftlichen Zusammenhang zu sehen. Hierdurch wird dann auch dazu beigetragen solche Strukturen aufzulösen und es findet eine Positionierung statt, welche eine kritische Betrachtung voraussetzt.

Die Dimension des Professionellen beschreibt die Fähigkeit das Private und Politische im jeweiligen Arbeitsfeld insoweit in ein Gleichgewicht zu bekommen und eine Verknüpfung der beiden Bereiche herzustellen. Ein wesentlicher Unterschied zu anderen Kompetenzen stellt hierbei die eigene Verwobenheit mit Geschlechtsthemen dar, welche mit dem professionellen Handeln kombiniert werden müssen. Damit Genderkompetenz in einem vollen Maß zum Tragen kommt, müssen hierbei alle Dimensionen Beachtung finden.[72]

---

[70] Vgl. Budde/Venth 2010: S. 146-147.
[71] Vgl. Graff 2008: S. 64.
[72] Vgl. Kunert-Zier 2015: S. 142.

Da ein Blick ausschließlich auf die Kategorie Geschlecht aber nicht ausreicht, findet im Folgenden zuerst einmal eine Auseinandersetzung mit Diversity im Allgemeinen statt.

3. Diversity

3.1 Einführung Diversity

Schlägt man den Begriff Diversity in einem Lexikon nach, so wird dieser zuerst mit Vielfalt übersetzt.[73] In der deutschsprachigen Auseinandersetzung mit dieser Thematik wird neben dieser Übersetzung häufig Diversität, Heterogenität und Pluralität genannt. In diesem Kontext wird auch häufig der Begriff der Differenz als verwandter Begriff mit in die Diskussion genommen.[74] So dienen Vielfalt und Differenz der Beschreibung von Unterschieden. Der Einsatz der beiden Begriffe ist hierbei aber konträr, da Vielfalt häufig eine positive Assoziation hervorruft und hierbei Unterschiede im Sinne eines Faktors von Gesellschaft gesehen wird. Im Unterschied hierzu wird Differenz eher dann eingesetzt, wenn eine Trennung verdeutlicht werden soll und so eine Abgrenzung stattfindet.[75]

Der Wortursprung von Diversity ist angloamerikanisch und meint hier eine grundlegende Haltung, welche anerkennend und würdigend gegenüber von Unterschieden ist.[76] Eine klare, feststehende Definition ist aber nach Fischer schwierig zu fassen. So sind die Zugänge zu dem was Diversity meint, je nach Autor:in beziehungsweise jeweiliger Wissenschaft zu unterschiedlich und dadurch eine klare Definition nicht möglich.[77] So ist auch das Fassen von dem was Diversity meint, insoweit schwierig, dass Diversity-Ansätze im Kontext von

---

73 Vgl. Pons 2021.
74 Vgl. Fischer 2016: S.67.
75 Vgl. Bretländer/ Kötting/ Kunz 2015: S.7.
76 Vgl. Mecheril/Plößer 2015: S. 323.
77 Vgl. Fischer 2016: S. 67.

Bildung und Sozialer Arbeit zu ähnlichen Ansätzen wie beispielsweise der Rassismuskritik sich in Elementen überschneiden, ineinander übergehen und so keine klare Grenze gezogen werden kann.[78]

Außerdem gibt es unterschiedliche historische Entwicklungslinien[79] und diese haben in ihrer jeweiligen Eigenart gegenwärtig noch Einfluss. Der Ursprung von Diversity in den USA findet sich in der Bürger:innenrechtsbewegung gegen die Diskriminierung von Black Indigenous and People of Color (BIPoC), welche sich für Anerkennung und Gleichberechtigung einsetzte.[80] Als weiteren Einfluss kann die Frauenbewegung der 1960er Jahre genannt werden. Hierbei verfolgte die Verbindung von Frauen- und Bürgerrechtsbewegung eine Gleichstellungspolitik und beinhaltete hierbei die Elemente ethnische Herkunft, Hautfarbe und Geschlecht. In der europäischen Frauenbewegung stand vorrangig die Kategorie Geschlecht im Vordergrund.[81]

So resultierten hieraus die „Affirmative Actions", welche sich in Maßnahmen zeigen, durch die Menschen, welche unter Benachteiligung leiden, insoweit geholfen werden soll, dass diese Unterstützung erfahren. Eine solche Unterstützung findet sich in gezielten Vorteilen und so soll dann schlussendlich Diskriminierung unterbunden werden. In Europa findet sich der Begriff Diversity erstmals Ende der 1990er Jahre vor dem Hintergrund von Antidiskriminierungsdebatten.[82]

---

78 Vgl. Mecheril/Plößer 2015: S. 322-323.
79 Vgl. Vinz/Schiederig, Lutz zit. nach Fischer 2016: S. 65.
80 Vgl. Fischer 2016: S. 65.
81 Vgl. Hönig 2011: S. 128.
82 Vgl. Fischer 2016, S. 65.

Schwarzer definiert eine Diversity-Perspektive folgendermaßen: *„Durch eine Diversity-Perspektive sollen die Unterschiedlichkeiten von Menschen wahrnehmbar und diese als etwas Positives für die Gruppe, die Organisation und die Gesellschaft gesehen werden. Heterogenitiät wird als Bereicherung für alle und Unterschiede als Stärke gewertet.“*[83] Diese rein positive Sicht von Unterschiedlichkeiten, wird aber im Folgenden noch genauer betrachtet und untersucht. Auch soll im weiteren Verlauf dieses Unterpunktes eine genauere Betrachtung der unterschiedlichen Kernkategorien von Diversity erläutert werden. Als Ausgangspunkt bildet der Begriff Diversität ein soziologisches Konzept, welches im deutschsprachigen Raum sinngemäß[84] für den Diversitybegriff eingesetzt wurde.[85] Im Bereich der Pädagogik ist in Bezug auf Diversity häufig die Rede von Diversity Education, welche eine Anknüpfung an Vorgehensweisen der „Pädagogik der Vielfalt“ bildet.[86] So verfolgt Diversity aus einem Blickwinkel der Pädagogik das Ziel einen geeigneten Umgang mit den Verflechtungen unterschiedlicher Kategorien von Identität und Zugehörigkeit zu erreichen. Im pädagogischen, sozialarbeiterischen sowie in einem Rahmen von Bildung findet sich der Begriff ebenfalls ab den 1990er Jahren.[87] Es wurde aber bereits ab Ende der 1970er Jahre ein kritischer Blick auf den Umgang von Sozialer Arbeit zu Differenzverhältnisse in der Gesellschaft gelegt. So beschrieb bereits die kritische

---

[83] Schwarzer 2015: S. 196.

[84] Eine solche gleichwertige Verwendung der beiden Begriffe sieht Hummrich kritisch und verweist hier auf den Rahmen der Begriffsverwendung sowie kulturell-historischen Bedingungen, durch welche die Begriffe resultieren. (Vgl. Hummrich 2017: S. 163.)

[85] Vgl. Budde 2017: S.22.

[86] Vgl. Prengel zit. nach Budde: S. 22.

[87] Vgl. Mecheril/Plößer 2015: S. 322.

Analyse, dass eine Soziale Arbeit, welche Differenzen außer Acht lässt, unterschiedliche Umweltfaktoren übergehe sowie die Differenzen reproduziere.[88] Der Begriff Diversity ist auch im Bereich der Personalentwicklung sowie Steuerungsstrategien von hoher Bedeutung.[89] Hier ist der Begriff vermehrt ab Anfang 2000 vertreten.[90] Das Konzept dient diesbezüglich zum Beispiel dem Zweck den Anteil der Menschen, welche weniger vertreten sind, zu erhöhen. So sind hier Managing Diversity oder Diversity Mainstreaming bedeutende Konzepte.[91] Diese Konzepte werden dazu eingesetzt die Vielfalt von Mitarbeiter:innen für den Betrieb zu nutzen, um dadurch bestmöglich ökonomisch zu agieren.[92] Hierbei wird bei den Ressourcen der Mitarbeiter:innen auch von Humanressources gesprochen. Wichtig ist, dass nicht alle Eigenschaften als Ressource gesehen werden, sondern nur diejenigen, die für den Markt von Vorteil sind.[93] Dadurch wird an diesem Verständnis von Diversity häufig kritisch gesehen, dass ein Weitblick auf Antidiskriminierung sowie beispielsweise Machtverhältnisse wenig zum Thema gemacht werden.

Solche Ansätze von Diversity-Management verfolgen somit Ziele, die mit denen der Sozialen Arbeit nicht übereinstimmen, da hier Chancengleichheit und Antidiskriminierung wesentliche Faktoren sind, die erreicht werden möchten.[94] Nun stellt sich die Frage, was Diversity für die Soziale Arbeit explizit bedeutet.

---

[88] Vgl. Mecheril/Plößer 2015: S. 325.
[89] Vgl. Budde 2017: S. 22.
[90] Vgl. Mecheril/Plößer 2015: S. 322.
[91] Vgl. Budde 2017: S. 22.
[92] Vgl. Koall et al., Döge zit. nach Hönig 2011: S. 130.
[93] Vgl. Meuser 2013: S. 176-177.
[94] Vgl. Schwarzer 2015: S. 196.

Für Mecheril und Plößer ist Diversity als Rahmen für unterschiedliche soziale Vorgehensweisen der Beobachtung, Gestaltung und Kritik des Sozialen zu sehen, welche unter dem Schwerpunkt der Vielfalt von Differenzverhältnissen verstanden werden sollen.[95] Da sich in jedem Menschen unterschiedliche Strukturkategorien finden, kann der Begriff für die Sozialen Arbeit insoweit hilfreich sein, als die persönliche Stellung in diesen Kategorien hervorgehoben wird. Hierbei soll der Fokus dann aber nicht auf einzelnen Kategorien liegen, sondern ein Weitblick auf Relationen zwischen den verschiedenen Stellungen gelegt werden.[96] Dies wird auch als Intersektionalität bezeichnet, welche unter dem Unterpunkt 4.4 näher betrachtet werden soll. In einem Beispiel kann dies bedeuten, dass eine Person in einer Situation als wahrgenommener Mann Vorteile erhält, aber parallel durch den eigenen Migrationshintergrund Diskriminierung erfährt.[97]

Mecheril und Plößer verdeutlichen, dass aus Differenz, Machtverhältnisse resultieren. So kommen sie zu drei Hauptlinien von Diversity, welche für die Soziale Arbeit von hoher Bedeutung sind. Diese sind Diversity als Antidiskriminierungsansatz, Diversity als Anerkennungsansatz und Diversity als Ressourcenansatz.[98] Im nächsten Kapitel sollen diese nun genauer erläutert werden.

---

[95] Vgl. Mecheril/Plößer 2015: S. 326.
[96] Vgl. Schwarzer 2015: S. 197.
[97] Vgl. Schwarzer 2015: S. 197.
[98] Vgl. Mecheril/Plößer 2015: S. 326.

3.2 Hauptlinien von Diversity für die Soziale Arbeit

Ein Verständnis von Diversity als Antidiskriminierungsansatz hängt stark mit der Antidiskriminierungspolitik der EU zusammen, die ihren Anfang in den späten 1990er Jahren nahm.[99] Eine starke Verbindung, die zwischen Diversity und Antidiskriminierung besteht, zeigt sich in den Kerndimensionen von Diversity sowie den Merkmalen der UN-Antidiskriminierungsrichtlinien, welche fast identisch sind.[100] Mecheril und Plößer machen deutlich, dass die reine Gleichbehandlung von Menschen nicht ausreicht. So ist die in der Gesellschaft vorherrschende Ungleichbehandlung kein beliebiges Resultat, sondern ist in einem geschichtlichen Kontext zu sehen und vollzieht sich durch diesen regelmäßig. Dadurch ist die Ungleichbehandlung das Ergebnis von Herstellungsprozessen, welche durch Differenzlinien immer wieder zum Vorschein kommen. Die materiellen und symbolischen Privilegien sind somit keine zufälligen Faktoren.[101]

Dem Wunsch nach einer deutschen Grundlage zum Thema Antidiskriminierung wurde mit dem Allgemeinen Gleichbehandlungsgesetz im Jahr 2006 nachgegangen. Somit gab es ab diesem Zeitpunkt ein Verbot von Diskriminierung unterschiedlicher Merkmale wie zum Beispiel der ethnischen Herkunft sowie eine Stelle, die für die Einhaltung dieses Gesetzes zuständig ist.[102] So kann Diversity zum Beispiel auch als Wegweiser gesehen werden, durch den sich Gesetze

---

[99] Vgl. Mecheril/Plößer 2015: S. 326.
[100] Vgl. Emmerich/Hormel 2013: S. 195.
[101] Vgl. Mecheril/Plößer 2015: S. 326.
[102] Vgl. Schönwälder 2007: S. 163.

weiterentwickeln.[103] Ein wichtiger Faktor, den es zu beachten gilt, ist es, dass Erfahrungen im Bereich von Diskriminierung nicht nur für die Lebenswelt der Klient:innen der Sozialen Arbeit bedeutsam sind sondern auch für die Institutionen der Sozialen Arbeit. So sollte nach Mecheril und Plößer auf die Thematik ein Alltagsblick sowie professionellen Blick bestehen. Schlussendlich kann bei dieser Art von Ansätzen gesagt werden, dass durch die Verringerung von diskriminierungsförderlichen Strukturen nicht automatisch Gerechtigkeit resultiert. Hierzu benötigt es nämlich das Bearbeiten von fundamentalen Strukturen.[104]

Eine andere Sichtweise beschreibt Diversity als Anerkennungsansatz. Wichtig hierbei ist, dass Antidiskriminierungsansätze und Ansätze, welche anerkennend fungieren, sich nicht klar voneinander trennen lassen und so ineinander übergehen. Ein Faktor, welcher bei Anerkennungsansätzen anders ist, beschreibt die Herangehensweise. So ist bei Vorgehensweisen, welche auf Antidiskriminierung gerichtet sind, häufig kaum ein Fokus auf Einrichtungsstrukturen. Dies ist bei Anerkennungsansätzen häufig anders, sodass neben dem Eintreten für gerechte Voraussetzungen in Bezug auf die jeweiligen Personen, auch Strukturen, kritisiert werden. Mecheril und Plößer beschreiben außerdem, dass Diversity als Anerkennungsansatz den Fokus auf unterschiedliche Differenzen legt und so die Menschen in ihrer Vielzahl an Eigenschaften betrachtet werden, statt nur eine von diesen zu beleuchten.[105] Dadurch kann auch gesagt werden, dass hierbei

---

[103] Vgl. Rudolf 2009: S.156.
[104] Vgl. Mecheril/Plößer 2015: S. 327.
[105] Vgl. Mecheril/Plößer 2015: S. 327.

Empowerment ein wesentlicher Faktor darstellt. Dadurch liegt der Fokus auf den Stärken der Menschen und dem Ermöglichen der Partizipation.[106]

Kritisch an dieser Blickweise kann gesehen werden, dass so häufig nicht mehr der Fokus darauf liegt die Ungleichheit in der Gesellschaft zu beseitigen, sondern vor allem darüber gesprochen wird, dass Differenzen anerkannt werden müssen. Mit einem solchen Blick werden dann gruppenspezifische sowie individuelle Unterschiede als etwas automatisch Positives konnotiert. Auch werden Strukturen, die Benachteiligung auslösen weniger zum Thema gemacht.[107] Problematisch kann außerdem gesehen werden, dass bei einer Leseart von Differenz als anerkannte Kategorie in der Gesellschaft diese immer wieder neu hervorgebracht wird. Somit wird beispielsweise durch die Kategorisierung in „behindert" und „gesund" immer wieder neu ein Bild einer klaren Unterteilung hergestellt.[108] Dieses Problem wird auch bei Heite und Vorrink deutlich. So wird durch die Anerkennung von diskriminierenden Strukturen gleichzeitig die Differenzkategorie bekräftigt.[109] Durch einen solchen würdigenden Umgang mit Unterschieden resultiert dann nach Rommelsbacher die permanente Herstellung einer Dominanzkultur.[110] Weiterhin zu beachten gilt so, dass ein eigenes Bewusstsein darüber entsteht, dass die Unterscheidung von Menschen immer auch mit Macht einhergeht, die sich durch Zuschreibungen und benachteiligenden Vorgehensweisen zeigen. Dadurch sind diese dann Teil von Strukturen, in denen

---

[106] Vgl. Fischer 2016: S. 123.
[107] Vgl. Heite 2010: S. 188.
[108] Vgl. Mecheril/Plößer 2015: S. 327.
[109] Vgl. Heite/Vorrink 2018: S. 1152.
[110] Vgl. Rommelsbacher zit. nach Mecheril/Plößer 2015: S. 327.

permanent Ungleichheit reproduziert wird. Es bedarf also einer machtanalytischen Sichtweise.[111]

Eine letzte Hauptlinie, die beschrieben werden soll, ist Diversity als Ressourcensansatz. Dieser Ansatz ist stark im bereits beschriebenen Management Diversity vertreten. So werden Differenzen als Ressourcen verstanden, durch die dann Ziele erreicht werden können.[112] In einem pädagogischen Rahmen zeigte sich seit Ende der 1990er Jahre wieder eine Perspektive, welche den Fokus auf Ressourcen legt und nicht auf Defizite.[113] Aber was ist der Nutzen einer solchen Sichtweise für die Soziale Arbeit? Zum einen wird durch eine solche Sichtweise ein Bewusstsein für soziale Unterschiede geschaffen. So soll auch die Ansicht, dass aus mehr Differenz mehr Belastungen resultieren, verändert werden. Durch eine solche Sichtweise kann so mitgewirkt werden, dass unterschiedliche Lebenswelten und Identitäten präsent werden. Auch kann ein Raum geboten werden, in dem Menschen Gleichberechtigung erfahren und als gleichwertiger Teil fungieren. So kann bewirkt werden, dass Dominanzkulturen sich immer mehr auflösen.[114] Was bei dieser Art von Ansätzen aber klar hinterfragt werden sollte, ist, dass sich ein grundlegender Bestandteil der Sozialen Arbeit darin zeigt, dass Klient:innen bei der Bearbeitung von Differenzen unterstützt und dadurch Abweichungen zur gesellschaftlichen Norm abgebaut werden sollen.[115] Maurer spricht hierbei auch von einer Normalisierungsmacht.[116] Die Soziale Arbeit erfüllt

---

[111] Vgl. Kessl/Plößer 2010: S.13.
[112] Vgl. Mecheril/Plößer 2015: S. 328.
[113] Vgl. Walgenbach 2017: S. 97.
[114] Vgl. Mecheril/Plößer 2015: S. 328.
[115] Vgl. Kessl/Plößer 2010: S. 8.
[116] Vgl. Mauer zit. nach Kessl/Plößer 2010: S. 8.

so die Aufgabe bei ihren Klient:innen die Abweichung von der Norm zu minimieren, aber ist gleichzeitig für den Herstellungsprozess verantwortlich, bei dem diese als die „Anderen" hervorgehen.[117] Dieser Macht sollte sich also ein:e Sozialarbeiter:in bewusst sein und mit diesem Bewusstsein verantwortungsvoll agieren.

Die Soziale Arbeit hat dadurch auch häufig mit Klient:innen zu tun, welche durch die Differenz in einer bestimmten Situation sind wie beispielsweise Obdachlosigkeit. So wird die jeweilige Situation nicht als Ressource, sondern als Problem gesehen. Aufgabe der Sozialen Arbeit sollte also hierbei sein, sich ein Bewusstsein darüber zu verschaffen, wer die Definitionsmacht hat und so zu überlegen, wie es zu der Einschätzung als Defizit oder ähnliches kommt.[118] Auch ist eine Sichtweise, welche Differenzen als Ressourcen sieht, insoweit zu reflektieren, als ein Zusammenhang zu Dominanz- und Ungleichverhältnissen besteht. Diese sollten also immer im Blick behalten werden. Ein weiterer wichtiger Faktor, den es zu beachten gilt, ist der aus Differenz resultierende Ausschluss für zum Beispiel öffentliche oder private Handlungsräume. Die Soziale Arbeit sollte also ihren Fokus neben Ressourcen vor allem auf Diskriminierung, Ausschluss und konstruierte Ungleichheiten legen.[119]

Folgt man der Sichtweise von Mai-Anh Boger können immer nur zwei dieser Linien gleichzeitig in der Praxis verwirklicht werden und so wird die dritte zwangsläufig ausgeklammert. So ist beispielsweise die Anerkennung als

---

[117] Vgl. Kessl/Plößer 2010: S. 8.
[118] Vgl. Lamp zit. nach Mecheril/Plößer 2015: S. 328.
[119] Vgl. Mecheril/Plößer 2015: S. 328.

homosexuelle Person und die Unterstützung gegen diskriminierende Strukturen, gleichzeitig eine Verfestigung der Konstruktion als „abweichende Person". Zusammenfassend kann also gesagt werden, dass von den in der Sozialen Arbeit tätigen Personen die Fähigkeit vorausgesetzt wird, diese Ambivalenz in ein Gleichgewicht zu bringen und je nach Kontext unterschiedliche Schwerpunkte zu setzen.[120]

Im nächsten Unterpunkt sollen nun die Dimensionen von Diversity näher beschrieben werden.

3.3 Dimensionen von Diversity

Als die sechs Kerndimensionen von Diversity werden im deutschsprachigen Raum häufig Behinderung, Geschlecht, sexuelle Orientierung, ethnische Herkunft, Religion und Weltanschauung sowie Alter genannt. Diese orientieren sich am § 1 des AGG und werden auch als *big 6* bezeichnet.[121] Im Folgenden sollen diese Kerndimensionen allgemein und bezogen auf den Kontext der Schule kurz erläutert werden. Hierbei wird die Dimension Alter nicht näher betrachtet, da diese für die Forschungsfrage nicht von Relevanz ist. Außerdem wird Geschlecht hierbei nicht als separater Punkt aufgeführt, da dieser Bereich während des Buches schon ausführlich erläutert wurde. Es findet sich aber eine Thematisierung im Rahmen der sexuellen Orientierung.

---

[120] Vgl. Boger zit. nach Palzkill/Pohl/Scheffel et al. 2020: S. 17-18.
[121] Vgl. Wallner 2020: S. 25.

3.3.1 Behinderung

Im alltäglichen Kontext kommt man mit ganz unterschiedlichen Begriffen in Berührung, die alle versuchen dieselbe Tatsache zu beschreiben. So wird von geistig/körperlich Behinderten, behinderten Menschen, Menschen mit Behinderung, Menschen mit Einschränkungen und vielem weiteren gesprochen. Diese Uneindeutigkeit ist auch in der Wissenschaft präsent und bildet somit eine Kontroverse.[122] Wenn vom Begriff Behinderung gesprochen wird, ist häufig auch schnell die Rede von Inklusion. Beginnend in den 1970er Jahren, fand in der Beschulung sowie Betreuung von Kindern mit und ohne Behinderung ein immer höheres Wachstum statt. Trotzdem ist es heute immer noch stark davon abhängig, in welchem Teil von Deutschland man lebt, ob eine Regelschule besucht werden kann.[123] Hoffmann-Lun beschreibt außerdem, dass das Alter einen wesentlichen Faktor des gemeinsamen Unterrichts darstellt. So ist die Chance des inklusiven Unterricht in einem geringeren Maße bei älteren Schüler:innen gegeben und so verschlechtert sich diese bei höheren Klassen.[124]

Im Jahr 2009 fand die Ratifizierung der UN-Behindertenrechtskonvention statt, so resultiert hieraus ein klarer Anspruch auf Beschulung in einer Regelschule. Aus diesem Grund wird auch die klare Verbindung von Inklusion zu der UN-Behindertenrechtskonvention deutlich.[125] Diese beschreibt im § 24 das Anerkennen eines Rechts auf Bildung von Menschen mit Behinderung. Die

---

[122] Vgl. Bretländer 2015: S.87.
[123] Vgl. Katzenbach 2017: S. 123.
[124] Vgl. Hofmann-Lun 2014: S. 162.
[125] Vgl. Katzenbach 2017: S. 123.

Anerkennung dieses Rechts soll dadurch zum Tragen kommen, dass die Vertragsstaaten ein integratives Bildungssystem ermöglichen, um so Antidiskriminierung und Chancengleichheit zu erreichen.[126]

So sind ein Recht auf Selbstbestimmung und gleichberechtigte Teilhabe am Leben in der Gesellschaft die wesentlichen Faktoren, die durch die UN-Behindertenrechtskonvention erreicht werden sollen. Gleichzeitig kann dem § 24 eine entscheidende Bedeutung zugeschrieben werden, da es um Bildung für alle Menschen gehen sollte. Damit einhergehend wäre somit eine Perspektive, bei der sich eine inklusive Schule dadurch kennzeichnet, dass es einen generellen Abbau von Strukturen, die Benachteiligungen und Exklusion verursachen sowie Barrieren aufrechterhalten, gibt.[127]

Viele Menschen haben beim Begriff Behinderung ein Bild im Kopf von einem Menschen mit körperlicher oder kognitiver Einschränkung. Für die Weltgesundheitsorganisation setzte bereits 1980 der Behindertenbegriff weitere Faktoren voraus. So waren hierbei drei Elemente von Bedeutung. Diese waren eine Schädigung, daraus resultierende Funktionseinbußen und daran anknüpfende Einschränkungen in der sozialen Teilhabe. Dadurch lag hierbei nicht allein der Fokus auf der Schädigung selbst, sondern auf den Einschränkungen, die daraus entstehen. Aus diesem Grund wird dieses Modell auch Krankheits-Folge-Modell

---

[126] Vgl. UN-Behindertenrechtskonvention 2009.
[127] Vgl. Stüwe/Ermel/Haupt 2015: S. 192.

genannt. In der Weiterentwicklung dieser Ansicht sprach man dann von einem bio-psycho-sozialen Behindertenbegriff.[128]

Kritik an diesem Verständnis übten unter anderem die Dis_ability studies. So bildet bei einem solchen Verständnis immer noch der jeweilige Mensch mit seiner Schädigung die Basis. Infolgedessen wurde das Soziale Modell der Behinderung entworfen, welches die Gesellschaft in den Mittelpunkt stellt. So liegt hier der Fokus auf Ausschließungsmechanismen, Einschränkungen und Vorurteilen in Bezug auf Behinderung.[129] Der Begriff wird hierbei durch eine sozialkonstruktivistische Brille betrachtet und so verdeutlicht, dass Gesellschaft Behinderung konstruiert. Dadurch ist die jeweilige Person nicht behindert, sondern wird durch gesellschaftliche Vorgänge behindert.[130] So kommt auch Katzenbach zu der Frage *„Ist der Mensch, der im Rollstuhl sitzt, behindert, weil er nicht laufen kann, oder wird er behindert, weil die Rampe fehlt?"*[131]

Bretländer sieht in der Benennung „behinderte Menschen" den Vorteil, dass das Behindertwerden verdeutlicht werden kann.[132] So greifen manche Autor:innen auch darauf zurück direkt begrifflich von Be-hinderung/Be_hinderung zu schreiben.[133] Bei der Beschreibung als „Mensch mit Behinderung" ist kritisch zu

---

[128] Vgl. Katzenbach 2017: S. 129.
[129] Vgl. Hermes zit. nach Bretländer 2015: S.89.
[130] Vgl. Bretländer 2015: S.89.
[131] Katzenbach 2017: S. 129.
[132] Vgl. Bretländer 2015: S.89.
[133] Vgl. Stein zit. nach Bretländer 2015: S.89.

sehen, dass hierbei die Behinderung hervorgehoben sowie alleinig der Person zugeschrieben wird.[134]

Nun stellt sich die Frage, was all diese Erkenntnisse für die Soziale Arbeit bedeuten. Für Kunert-Zier kennzeichnet eine Soziale Arbeit, welche inklusionsorientiert arbeitet einen Fokus, der gegen die Definitionsmacht der Mehrheit im Vergleich zu Minderheiten gerichtet ist. Außerdem ist das wesentliche Ziel, Barrieren in der Gesellschaft abzubauen.[135] Um inklusionsorientiert agieren zu können, setzt es somit bei Sozialarbeiter:innen voraus, dass diese über eine klare diversitätsbewusste und genderkompetente professionelle Haltung verfügen. Was eine solche Haltung beinhaltet, wird in den Unterpunkten „Genderkompetenz" sowie „Diversitykompetenz" näher erläutert.[136] Gezielt für die Schulsozialarbeit, beschreibt Hoffmann-Lun, dass Inklusion im Kontext Schule bedeutet, die jeweiligen Voraussetzungen herzustellen, die dazu führen, dass allen Schüler:innen die Teilhabe an Angeboten ermöglicht wird. Als Kritikpunkt kann hier unter anderem genannt werden, dass für die Umsetzung für diese Teilhabe ein adäquater Stellenanteil der Schulsozialarbeit vorhanden sein muss.[137]

Nun soll aber zuerst einmal der Faktor auf der sexuellen Orientierung liegen.

---

[134] Vgl. Bretländer 2015: S.89.
[135] Vgl. Kunert-Zier 2015: S. 144.
[136] Vgl. Kunert-Zier 2015: S. 144.
[137] Vgl. Hofmann-Lun 2014: S. 164.

3.3.2 Sexuelle Orientierung

Wie bereits im Kapitel Gender deutlich wurde, geht die Alltagstheorie von zwei Geschlechtern aus, welche sich gegenseitig begehren. Dies wird von Butler wie erläutert, als heterosexuelle Matrix beschrieben. So wurde deutlich, dass Geschlecht eine konstruierte Kategorie darstellt. Was meint nun die sexuelle Orientierung und welche Rolle spielt diese im Kontext der Sozialen Arbeit?

Zuerst einmal kann gesagt werden, dass die sexuelle Orientierung ein Teil der sexuellen Identität darstellt. Die sexuelle Identität zeigt sich unter anderem in einem Verantwortungsgefühl gegenüber von Partner:innen, was sich in beispielsweise dem Wissen über Auswirkungen des sexuellen Handelns zeigen kann. Gleichzeitig ist die sexuelle Identität durch das Bewusstsein über die eigene sexuelle Orientierung gekennzeichnet.[138] Die eigene sexuelle Orientierung beschreibt zumeist das Begehren einer anderen Person aufgrund derer Geschlechtszugehörigkeit. Es kann so sexuelle Orientierung auf einer körperlichen, sozialen und psychischen Ebene als Bestandteil der sexuellen Identität betrachtet werden.[139]

Bezogen auf Homo-, Bi- und Heterosexualität kommt Weinrich zu folgender Aussage:

„Sexuelle Orientierung sagt irgendwie gleichzeitig sowohl etwas über DEIN Geschlecht als auch über das Geschlecht der Person aus, die du anziehend findest. Das sind zwei ganz verschiedene Dinge! Wenn es bei der sexuellen Orientierung

---

[138] Vgl. Watzlawik 2020: S. 24.
[139] Vgl. Sielert 2015: S. 68.

wirklich nur darum ginge, von wem wir uns angezogen fühlen, hätten ein schwuler Mann und eine heterosexuelle Frau die gleiche Orientierung. Sie würden sich beide zu Männern hingezogen fühlen. "[140]

Das Geschlecht ist also hierbei allgegenwärtig und kann nicht ausgeblendet werden. Watzlawik unterscheidet so in diesem Kontext zwischen einem biologischen Geschlecht oder auch Körpergeschlecht, der Geschlechtsidentität und der Geschlechtsrollenidentität. Der Großteil der Gesellschaft definiert sich innerhalb des Geschlechts, welches einem bei der Geburt durch biologische Faktoren zugewiesen wurde. Diese Personen werden als cisgeschlechtlich bezeichnet. Findet sich keine Identifikation mit dem zugeordneten Geburtsgeschlecht, jedoch mit dem zweigeschlechtlichen System, so wird die Person als trans*Person bezeichnet, wie in der Fallstudie von Agnes deutlich wurde. Wird das binäre System gänzlich abgelehnt, kann von genderqueeren Menschen gesprochen werden.[141]

In einem Kontext, der das binäre System in Frage stellt, wie es bei genderqueeren Menschen der Fall ist, sind heterosexuell, homosexuell oder bisexuell keine hilfreichen Beschreibungen mehr. So möchte man sich hier von einer solchen Zweiteilung distanzieren. In diesem Rahmen lässt sich beispielhaft die Pansexualität nennen. Diese beschreibt eine Zuneigung zu einem Menschen, welche unabhängig von dessen Geschlechtszugehörigkeit ist.[142] Da die binäre Konstruktion der sexuellen Orientierung aufgebrochen werden soll, empfehlen

---

[140] Weinrich zit. nach Watzlawik 2020: S. 24.
[141] Vgl. Watzlawik 2020: S. 25.
[142] Vgl. Watzlawik 2020: S. 25-26.

Schweizer und Brunner bewusst von sexuellen Orientierungen zu sprechen, um so die Vielfalt der Orientierungen deutlich zu machen. Gleichzeitig wird der Begriff, wie erläutert häufig nur in Bezug auf die Zuneigung zu dem Geschlecht einer Person beziehungsweise Personengruppe verwendet. Dadurch werden andere Faktoren, welche ebenfalls für die sexuelle Zuneigung von Bedeutung sind, hierbei ausgeklammert.[143]

Auch kann in einem Kontext der Vielfalt die deutsche Abkürzung LSBTIQ* genannt werden, bei der die Buchstaben für Lesben, Schwule, Bisexuelle, Trans*, Inter* und Queer steht. Der Stern ist hier als Attribut für weitere vielfältige Ausformungen von Geschlecht und sexueller Orientierung zu sehen.[144]

Betrachtet man die Entwicklung der sexuellen Orientierung, so kann gesagt werden, dass diese schon sehr früh angelegt ist. Den meisten Menschen, welche sich aber nicht heterosexuell definieren, wird ihre sexuelle Orientierung erst in der Pubertät bewusst. So kann bei der Betrachtung der meisten Menschen gesagt werden, dass die Geschlechtsidentität und sexuelle Orientierung Faktoren darstellen, welche über die Lebensspanne erhalten bleiben. Gleichzeitig kann durch gesellschaftliche Faktoren aber auch eine Flexibilität der Auslebung von Geschlechtsidentität und sexueller Orientierung ermöglicht oder verhindert werden.[145] In diesem Rahmen ist auch der Begriff des Coming-out von Bedeutung. Das Coming-out einer Person beschreibt den bewussten Vorgang im eigenen Umfeld darüber zu sprechen, dass man sich als Teil der LSBTIQ* definiert und

---

[143] Vgl. Brunner/Schweizer 2016: S. 380, 382.
[144] Vgl. Palzkill/Pohl/Scheffel et al. 2020: S. 16.
[145] Vgl. Sielert 2015: S. 68.

somit beispielsweise homosexuell ist. Der Begriff „Outing" beschreibt hingegen, dass dieser Vorgang von einer anderen Person durchgeführt wird. Dies geschieht häufig ohne das Wissen der geouteten Person und ohne deren Einverständnis.[146] So ist es leider auch oft der Fall, dass es zu gesellschaftlicher Ausgrenzung aufgrund der Abweichung von der heterosexuellen Norm kommt. Außerdem gibt es immer noch Länder, in denen gleichgeschlechtliche Sexualität gesetzlich verboten ist und so auch zur Todesstrafe führen kann.[147]

Welche Bedeutung hat dieses Wissen nun für die Soziale Arbeit? Generell kann gesagt werden, dass im gesellschaftlichen Leben, Menschen, welche nicht in das heteronormative System passen häufig ausgegrenzt werden und dadurch nicht sichtbar sind. Auf diese Weise wird dann gesellschaftliche Teilhabe, die eigene Sichtbarkeit sowie Anerkennung verhindert.[148] Es kann auch gesagt werden, dass der Kontext Schule einen wesentlichen Rahmen darstellt, in dem es zu Diskriminierungserfahrungen kommen kann. Resultierend hieraus ergibt sich ein höheres Suizidrisiko sowie eine höhere Suizidrate bei homosexuellen Personen zwischen 12 und 25 Jahren.[149]

Um eine Grundlage zum professionellen Agieren sowie auch zum Sichtbarmachen von Personengruppen zu haben, wird so auf Kategorien zurückgegriffen. Durch diese Kategorisierungen kommt es dann aber auch zu Ambivalenzen, da auf der einen Seite die Notwendigkeit der Kategorisierung steht, aber gleichzeitig eine

---

[146] Vgl. Palzkill/Pohl/Scheffel et al. 2020: S. 16.
[147] Vgl. Brunner/Schweizer 2016: S. 387.
[148] Vgl. Palzkill/Pohl/Scheffel et al. 2020: S. 17.
[149] Vgl. Schmidt/Schondelmayer/Schröder 2015: S. 11,17.

solche Kategorisierung problematisch zu betrachten ist, sowie hinterfragt werden sollte.[150] So werfen Palzkill, Pohl und Scheffel unter anderem die Frage auf *„Wie kann die besondere Situation z.B. von Lesben thematisiert werden, wenn gleichzeitig die Kategorie Frau infrage gestellt wird und damit auch Lesben nicht mehr nur frauenliebende Frauen sind?"*[151] Mit diesen Ambivalenzen muss die Soziale Arbeit also lernen, umzugehen. Gleichzeitig, ist hierbei auch zu berücksichtigen, dass auch eine Person, welche sich nicht im binären Spektrum sieht, als lesbisch* identifizieren kann.[152] Einen weiteren wichtigen Faktor wirft Schmauch auf. So reiche sexualitätsbezogenes Wissen in Bezug auf Diskriminierung nicht aus. Vielmehr muss ein Bewusstsein darüber vorhanden sein, dass dieses eben auch nach außen gezeigt wird. Denn nur so könne Soziale Arbeit inklusiv agieren und die eigene Akzeptanz von sexueller Individualität auch im sozialarbeiterischen Handeln bemerkbar machen.[153] Für die in der Sozialen Arbeit tätigen Personen, bedeutet Inklusion somit zum Beispiel nicht heterosexuelle Arten des Lebens in der Interaktion mit ihren Klient:innen mitzudenken.[154] Ein Bezug zur Schulsozialarbeit soll zu einem späteren Zeitpunkt genauer aufgezeigt werden. Im Folgenden sollen nun die Bereiche Ethnische Herkunft sowie Religion und Weltanschauung näher betrachtet werden.

---

[150] Vgl. Palzkill/Pohl/Scheffel et al. 2020: S. 17.
[151] Palzkill/Pohl/Scheffel et al. 2020: S. 17.
[152] Vgl. Migrationsrat Berlin e. V. 2020.
[153] Vgl. Schmauch 2015: S.103.
[154] Vgl. Schmauch 2015: S.109.

3.3.3 Ethnische Herkunft/Religion und Weltanschauung

Wirft man einen Blick in den Paragraph 1 des Allgemeine Gleichbehandlungsgesetzes (AGG), so werden hier unter anderem Rasse, ethnische Herkunft, Religion und Weltanschauung als Aspekte benannt, welche nicht zu Benachteiligungen führen sollen. So wird als Ziel die Verhinderung oder Beseitigung dieser Benachteiligung benannt.[155]

Obwohl der Begriff „Rasse"[156] im Gesetzestext Verwendung findet, ist er so nicht mehr annehmbar. Allerdings ist eine Einteilung in ein Rassekonstrukt in Diskursen, welche sich mit Benachteiligung befassen, klar erkennbar. Gleichzeitig ist auch rassistische Diskriminierung eine deutliche gesellschaftliche Tatsache.[157] Aus diesem Grund empfehlen Expert:innen im AGG sowie auch im Grundgesetz Rasse mit „rassistischer Benachteiligung" zu ersetzen.[158]

Die Kategorie ethnischen Herkunft, welche Menschen in eine Gruppe einteilt, wird in unterschiedlichen Begriffen deutlich und ist somit historisch wandelbar. So können hierbei die Bezeichnungen Fremd- und Gastarbeiter:in, Ausländer:in, Migrant:in und heute schließlich Menschen mit Migrationshintergrund genannt werden. Die Konsequenz, welche sich aber durch eine solche Einteilung ergibt, ist immer noch dieselbe. So erhalten Menschen durch die zugeschriebene ethnische

---

[155] Vgl. §1 AGG.

[156] Wichtig hierbei ist es, dass der Begriff „race" in der englischen Sprache die Konstruktion von Menschentypen meint, aber der Begriff in Deutschland durch den Nationalsozialismus nachhaltig geprägt wurde. So hat man die „Rasse" als Rechtfertigungsgrund für die Tötung von Menschen benutzt. (Vgl. Köttig 2015: S. 128)

[157] Vgl. Kunz 2015: S. 74.

[158] Vgl. Egenberger zit. nach Kunz 2015: S. 74.

Herkunft ein Etikett, welches sie zu Anderen macht und zu Diskriminierung führen kann.[159] Auch für die Rechtsprechung des Europäischen Gerichtshofs ist ethnische Herkunft kein klarer Begriff. Vielmehr soll dieser einen Blickwinkel verdeutlichen, der davon ausgeht, dass Gruppen innerhalb einer Gesellschaft durch dieselbe Staatsangehörigkeit, Religion, Sprache, kulturelle und traditionelle Herkunft sowie deren Lebensumgebung beschrieben werden können.[160] Die Individualität der Menschen mit „Migrationshintergrund" wird somit verdrängt und es kommt zu Verallgemeinerungen wie „die Menschen mit Migrationshintergrund".

Bei diesen Verallgemeinerungen ist die Darstellung in den Medien ein wesentlicher Faktor, welcher dazu beiträgt, dass diese sich immer weiter verfestigen.[161]

Die Faktoren ethnische Herkunft/Zugehörigkeit und die Hautfarbe stellen zwei Aspekte von Diversity dar, welche stark miteinander zusammenhängen und die teilweise an sichtbare und unsichtbare Eigenschaften eines Menschen anknüpfen. In diesem Kontext spielt die Sozialisation, die eigene Beschreibung oder auch gesellschaftliche Zuschreibungen eine bedeutende Rolle, da jeder Mensch nach unter anderem diesen Kategorien konstruiert wird. Diese Aspekte führen aber nur bei bestimmten Menschen zu Diskriminierung und Ausgrenzung. Es entsteht also

---

[159] Vgl. Kunz 2015: S. 74.
[160] Vgl. EuGH Rechtssprechung zit. nach Dern 2018: S. 99.
[161] Vgl. Kunz 2015: S. 75,77.

ein konstruiertes Machtgefüge, in dem Menschen nach Kategorien wie der Hautfarbe hierarchisiert werden und so resultiert hieraus Rassismus.[162]

Der Faktor des Migrationshintergrunds ist ein im Jahr 2005 vom Statistischen Bundesamt eingeführter Begriff und bildet somit eine statistische Kategorie.[163] Als Person mit Migrationshintergrund betitelt das Statistische Bundesamt all jene Personen, welche nicht mit deutscher Staatsangehörigkeit geboren wurden oder bei denen bei mindestens einem Elternteil dies nicht der Fall war.[164] Dadurch finden sich in dieser Kategorie zum Beispiel in Deutschland geborene Personen, bei denen ein Elternteil nach Deutschland immigriert ist, beziehungsweise eine ausländische Staatsangehörigkeit hat.[165] Für Kunz ist Migrationshintergrund klar konstruiert und somit kommt es auch zu der Aussage: *„Der Bevölkerungsanteil der Menschen mit Migrationsanteil ist ein Artefakt, ein soziales Konstrukt. Weder existiert er als Gruppe an sich noch konstituiert er sich als solcher, dennoch sind Menschen mit Migrationshintergrund Teil gesellschaftlicher Realität.“*[166] Es zeigt sich somit wiederum der Einfluss der Gesellschaft, in welcher durch das gesellschaftliche oder persönliche Vorgehen eine Einteilung stattfindet. Dadurch wird dieser konstruierten Kategorie eine Bedeutung geschenkt, welche dann zur subjektiven gesellschaftlichen Realität wird.[167] So haben auch Untersuchungen zu unter anderem der Lebenslage festgestellt, dass es durch die Einteilung in eine solche Kategorie zu Benachteiligungen und Chancenungleichheit in den

---

[162] Vgl. Ellerbe-Duck/Dzajic-Weber 2016: S. 126-127.
[163] Vgl. Schramkowski 2018: S. 44.
[164] Vgl. Statistisches Bundesamt 2021.
[165] Vgl. Schramkowski 2018: S. 44.
[166] Kunz 2015: S. 75.
[167] Vgl. Kunz 2015: S. 75.

wesentlichen Bereichen wie beispielsweise im Kontext Schule kommt. Hierbei ist ein essenzielles Problem, dass der Blick häufig alleinig auf dem Menschen mit seinem „Migrationshintergrund" gerichtet ist und diesem so seine Problemlage, als selbstverschuldet zugeschrieben wird. Mit einem solchen Blick werden dann benachteiligende, strukturelle Ursachen beziehungsweise Prozesse innerhalb der Gesellschaft ausgeblendet und verfestigt.[168]

Ein weiterer Aspekt stellt die Religion dar. Hierbei lassen sich bezogen auf Muslim:innen Diskriminierungserfahrungen auf dem Arbeitsmarkt nennen. So stellt in einem besonderen Maß das Kopftuch für manche Arbeitgeber:innen, einen Grund dar, weshalb eine Person nicht eingestellt wird. Dadurch führt der Fakt Muslim:in zu sein oder auch nur als solche:r wahrgenommen zu werden, zu Diskriminierung.[169] In diesem Rahmen lässt sich auch der Begriff des Antimuslimischen Rassismus nennen, welcher alle Menschen betreffen kann, welche als muslimisch eingeordnet werden, auch, wenn diese sich selbst nicht so identifizieren. Somit wird ein homogenes Bild von Muslim:innen geschaffen, welches sich durch negative Zuschreibungen kennzeichnet und einen Unterschied zur Eigengruppe aufbaut. Dieser Unterschied führt dann zum Aufbau einer Hierarchie und somit der Einteilung in „Wir vs. Muslim:innen". Gleichzeitig möchte man eigene Privilegien hierdurch rechtfertigen. Dieses Bild ist als Ergebnis von Konstruktionsprozessen innerhalb der Gesellschaft zu verstehen. Es

---

[168] Vgl. Kunz 2015: S. 80.
[169] Vgl. Frings zit. nach Talhout 2019: S. 12-13.

findet also der Prozess des Othering statt, in dem Muslim:innen „die Anderen"
sind.[170]

Außerdem sind natürlich auch andere Formen von Rassismus zu beachten. So
hätte an dieser Stelle genauso auch beispielsweise ein Bezug zu Antisemitismus,
Antiasiatischem Rassismus oder auch Anti- Sinti*zze und Rom*nja Rassismus
aufgebaut werden können.

Bezieht man nun dieses Wissen auf den Kontext der Schule, so beschreibt auch
Kunz, dass es im deutschen Schulsystem allein wegen des
„Migrationshintergrundes" zu Hindernissen kommen kann. Als Faktor wird hier
die mangelnde Durchlässigkeit im Schulsystem genannt, auch, wenn derselbe
Grad an Leistung erbracht wird. In diesem Rahmen kann auch von ethnischer
Diskriminierung gesprochen werden.[171] Betrachtet man heute Schulklassen, so
sind diese meist von Heterogenität geprägt, was sich unter anderem durch den
„Migrationshintergrund" zeigt. Auch kann in Deutschland und Österreich bezogen
auf den Zeitraum ab 2015 gesagt werden, dass das Thema Flucht präsent wurde.
Dadurch mussten Wege für einen zustehenden Schulplatz sowie sprachliche
Unterstützung für die Kinder von Asylsuchenden gefunden werden.[172]

Brungs nennt hierbei, dass Schulsozialarbeit ihren Fokus auf Gemeinsamkeiten
von Schüler:innen legen und individuelle Förderung ermöglichen sollte. Damit
verbunden ist ein Blickwinkel, der erst einmal davon ausgeht, dass alle

---

[170] Vgl. Multikulturelles Forum e.V. 2020.
[171] Vgl. RKI zit. nach Kunz 2015: S. 80.
[172] Vgl. Biewer/Proyer/Kremsner 2019: S. 87.

Schüler:innen die gleichen Bedürfnisse haben und keine generelle Zuschreibung von Bedürfnissen. Vielmehr sollten Schulsozialarbeiter:innen ihren Blick auf die individuelle Lebens – und Belastungssituationen werfen. So kann es beispielsweise bei Fluchterfahrungen hilfreich sein, wenn spezielle Hilfsangebote zur Verfügung stehen.[173] Durch die Vielfalt der Akteur:innen innerhalb der Schule stellt die interkulturelle Öffnung und Förderung solcher Kompetenzen eine wesentliche Aufgabe im Kontext Schule dar. Schulsozialarbeit kann hierbei dazu beitragen eine interkulturelle Haltung bei Schüler:innen zu fördern.[174]

Schmidt spricht im Zusammenhang von Schulsozialarbeit, welche migrationssensibel agiert, von einer „offenen, untersuchenden Haltung".[175] Wie bereits unter diesem Unterpunkt erläutert, ist es wichtig sich den Auswirkungen des Migrationskontextes bewusst zu sein, welcher zu individuellen Schwierigkeiten führen kann. Die Wahrnehmung dieser Auswirkungen setzen somit eine solche professionelle Haltung voraus. Gleichzeitig sollte der Blick nicht zu stark auf die einzelne Kategorie[176] Migrationshintergrund gerichtet sein, sondern eher versucht werden, dass diese Differenzkonstruktion nicht immer weiter aufrechterhalten wird.

Im nächsten Unterpunkt soll nun das Konzept des „doing difference" näher betrachtet werden.

---

[173] Vgl. Brungs 2018: S. 479.
[174] Vgl. Stüwe/Ermel/Haupt 2015: S. 198.
[175] Vgl. Schmidt zit. nach Brungs 2018: S. 479.
[176] Im nächsten Unterpunkt soll diese Thematik durch den Begriff der „Intersektionalität" noch einmal aufgegriffen werden.

3.4 Doing difference

Wie in den vorherigen Unterkapiteln bereits dargelegt, ist der Begriff der Differenz im Kontext von Diversity von hoher Bedeutung. So soll in diesem Kapitel auf den Ansatz des doing difference eingegangen und dieser kritisch beleuchtet werden. Betrachtet man den Begriff so beschreibt dieser, dass Differenz gemacht wird.

Der Begriff des doing difference (1995) knüpft an den aus der Ethnomethodologie stammenden Begriff des doing gender (West/Zimmerman) an. Geprägt wurde der Begriff von West und Fenstermaker. Der Doing Difference Ansatz kann somit als Weiterentwicklung des doing gender verstanden werden, da allgemein die Entstehung von Differenzkategorien betrachtet werden.[177] Im Vergleich zum doing gender, bei dem davon ausgegangen wird, dass die Kategorie Geschlecht immer eine Rolle spielt und man dieses immer wieder herstellt, wurde beim doing difference diese Allzeitpräsens einer einzelnen Kategorie nicht mehr thematisiert.[178] So erweiterten West und Fenstermaker anfangs die Kategorie gender um die Kategorien class und race. Hierbei nannten sie diese drei Kategorien als die drei relevantesten, sodass bei diesen die Differenz am deutlichsten hervortritt.[179] Für beide war aber auch klar, dass Differenz sich ebenfalls in anderen Kategorien zeigt. Dieser Weitblick wird auch deutlich durch das Zitat *„Of course, this is only the beginning. Gender, race and class are only three means*

---

[177] Vgl. Walgenbach/Pfahl 2017: S.148.
[178] Vgl. Degele 2008: S.93.
[179] Vgl. Wallner 2020: S. 46.

(although certainly very powerful ones) of generating difference and dominance in social life".[180]

Somit kommt Wallner auch zu dem Ergebnis im Kontext von Diversity von doing diversity zu sprechen und diesen Begriff ergänzend einzusetzen. Diversity stellt ein Konzept dar, welches durch gemachte Differenzen zum Tragen kommt.[181] Dies betont wiederum, dass eine Diversityperspektive über die reine Anerkennung von Differenz hinausgehen sowie Kategorien nicht als klares Faktum betrachtet werden sollten. So sind die Kategorien immer in Bewegung zu sehen. Es sollte also ein Ziel sein, gesellschafts- und machtkritisch zu agieren.[182] Eine Erziehungswissenschaft, die von doing difference geprägt ist, charakterisiert sich durch einen Wechsel der Fokussierung. So liegt hierbei der Fokus nicht mehr allgemein auf Unterscheidungen von Menschen, sondern auf den jeweiligen Prozessen, durch die Differenzen entstehen.[183] Für West und Fenstermaker sollen außerdem unterschiedliche Differenzkategorien nicht einzeln in den Blick genommen werden. Vielmehr zeigt sich im Prozess der Entstehung von den jeweiligen Kategorien, bei ihnen vorrangig bezogen auf gender, class und race, ein enges Zusammenspiel, sodass diese in Verbindung miteinander zu betrachten sind und gleichzeitig stattfinden. Hierbei benennen die Beiden die Prozesse als simultan. Die Entstehung wird somit als dynamisch, anpassungsfähig sowie

---

[180] West/Fenstermaker 1995: S.33.
[181] Vgl. Wallner 2020: S. 46.
[182] Vgl. Wallner 2020: S. 42/46.
[183] Vgl. Walgenbach/Pfahl 2017: S. 148-149.

generell veränderbar beschrieben. Dies bedeutet im Umkehrschluss, dass die Bedeutung einer Differenzkategorie immer von der Situation abhängig ist.[184]

Dadurch bildet doing difference auch ein bedeutendes Modell im Kontext von Forschungen zum Thema Intersektionalität.[185] Erstmals wurde dieser Begriff in Bezug auf Antidiskriminierungsrecht in den USA 1989 von Kimberlé Crenshaw aufgegriffen. Intersektionalität verdeutlicht, dass historische Macht- und Herrschaftsverhältnisse, Subjektivierungsprozesse sowie soziale Ungleichheit und dadurch Differenzkategorien nicht getrennt abgebildet werden können. Vielmehr bedarf es eines Blickes, welcher Überschneidungen wahrnimmt. Dadurch werden auch Blickrichtungen, welche die Kategorien addieren, ersetzt durch eine Sichtweise, die auf die parallele Relation unterschiedlicher Kategorien gerichtet ist. Somit ist ein weiterer wichtiger Faktor, dass die Korrelationen zwischen den unterschiedlichen Kategorien aufgezeigt werden können.[186] Somit kommen Lutz und Wenning auch zu der Benennung von Differenzen als „Resultate sozialer Konstruktion". Die Beiden unterscheiden hierbei körperorientierte, (sozial-) räumliche und ökonomisch orientierte Differenzlinien.[187]

Intersektionalität verdeutlicht also die Schnittstellen, welche zwischen gesellschaftlichen und kulturellen Differenzkategorien bestehen und die daraus resultierende Rolle, die in der Gesellschaft eingenommen wird.[188] Diese Kombination aus unterschiedlichen Kategorien verdeutlicht somit die

---

[184] Vgl. Walgenbach/Pfahl 2017: S.148-149.
[185] Vgl. Walgenbach/Pfahl 2017: S.148.
[186] Vgl. Walgenbach 2017: S. 54-55.
[187] Vgl. Lutz/Wenning zit. nach Mecheril/Plößer 2015: S. 325.
[188] Vgl. Budde 2017: S. 22-23.

intersektionale Perspektive des Doing Difference. Das Ausmaß der jeweiligen Differenzkategorie ist somit auch immer situationsabhängig. Dadurch ermöglicht eine solche Sichtweise auch das Verdeutlichen von Situationen, in denen Kategorien präsent beziehungsweise weniger präsent und somit weniger wichtig für die jeweilige Situation sind. Ein weiterer wesentlicher Faktor zeigt sich darin, dass der Prozess des Doing difference nicht willkürlich verläuft, sondern sich eine soziale Einbindung in der Gesellschaft findet. So sind für Fenstermaker und West besonders die Interaktionskontexte von Organisationen, Beziehungen und Gruppen von hoher Bedeutung. Daher kann eine Situation je nach Kontext und Erwartungshaltung der anderen Personen unterschiedlich bewertet werden.[189] Wichtig in diesem Rahmen ist es auch, dass an jede Person in der Gesellschaft normative Erwartungen gestellt werden.[190] So gibt es wie in anderen Kapiteln erläutert immer eine Norm z.B. heterosexuell und eine Abweichung von dieser Norm, die sich in homosexuell zeigen könnte.

In diesem Zusammenhang nennen West und Fenstermaker den Begriff accountability, welcher auf die Ethnomethodologie zurückgeht und im Deutschen Rechenschaftspflicht bedeutet. Die Ethnomethodologie beschreibt den Begriff als Auftrag jedes Menschen in Interaktionen die eigene Zugehörigkeit zu gender, race oder class zu verdeutlichen. Gleichzeitig wird aber auch immer die Zugehörigkeit hierzu von anderen Menschen anerkannt beziehungsweise nicht anerkannt.[191] Somit stehen Fremdzuschreibung und Selbstinszenierung in Relation

---

[189] Vgl. Walgenbach/Pfahl 2017: S. 149.
[190] Vgl. Walgenbach/Pfahl 2017: S. 149
[191] Vgl. Teubner/Wetterer zit. nach Walgenbach/Pfahl 2017: S. 149.

zueinander.[192] Wie kann nun dieses Wissen von Nutzen sein? Ein reflexiver Umgang mit diesem Wissen, kann dazu beitragen, dass unter anderem Kritik an scheinbar klaren Differenzen geübt wird. Gleichzeitig kann ein weniger reflexiver Umgang dazu beitragen, dass Differenzen sich verfestigen. Wichtig hierbei ist es aber auch, dass die Möglichkeiten zum Agieren in einem vorstrukturierten und normativen Rahmen zu sehen sind.[193] Bezogen auf die Schulsozialarbeit sollte also der jeweilige Blick kritisch sein, um so nicht Differenzlinien bewusst zu reproduzieren. Außerdem kann durch einen reflexiven Umgang mit Differenzen dazu beigetragen werden die Bedeutung dieser Differenzen aufzulösen oder bei Akteur:innen innerhalb der Schule ein Bewusstsein hierfür zu schaffen.

3.5 Diversitykompetenz

Nachdem nun Grundlagen zum Begriff Diversity gelegt wurden, soll nun dieses Wissen verwendet werden, um deutlich zu machen, was Diversitykompetenz bedeutet. Hierbei soll ein Augenmerk auf Diversitykompetenz im Kontext der Sozialen Arbeit sowie speziell auf die Schulsozialarbeit gelegt werden.

Ein grundlegendes Ziel von Tätigen in der Sozialen Arbeit stellt es unter anderem dar, dass Klient:innen insoweit unterstützt werden, als deren Lebenssituationen verändert werden. Um diese und weitere Ziele zu erreichen, bedarf es an Wissen, Haltungen, Einstellungen und Handlungsfähigkeiten, welche dazu führen, dass ein geeigneter Umgang mit Vielfalt, Verschiedenheit und Ungleichheit erreicht wird.

---

[192] Vgl. Walgenbach/Pfahl 2017: S. 149.
[193] Vgl. Mecheril/Plößer 2015: S. 325.

Dieser Umgang wiederum kann in drei Bereiche aufgeteilt werden, und zwar in einen individuellen, gruppenbezogen und in einen Blickwinkel, der auf Gesellschaft gerichtet ist. Aschenbrenner-Wellmann fasst diese Faktoren als Kompetenz im Umgang mit Diversity zusammen.[194]

Dadurch bildet die Grundlage einer Sozialen Arbeit, welche diversitätsbewusst agieren möchte, die Umsetzung der Menschenrechte. Diese Umsetzung zeigt sich in der Anerkennung, Gleichwertigkeit und gesellschaftlichen Teilhabe, welche frei von Faktoren wie sozialer Herkunft, Hauptfarbe oder Geschlecht zum Tragen kommt.[195]

Diversitykompetenz lässt sich in eine kognitive, affektive und verhaltensbezogene Dimension einteilen. Diese Dimensionen beinhalten hierbei umfassende Bestandteile, die im Folgenden nur beispielhaft genannt werden. Als Bestandteil der kognitiven Dimension lässt sich hierbei nennen, dass die Fachkraft eine kritische Vorstellung darüber hat, wie Diversität hergestellt wird und sich dadurch entwickelt. Auch kann hierbei die Fähigkeit genannt werden, dass auf ein Basiswissen in den Thematiken Menschenrechte und Antidiskriminierung zurückgegriffen werden kann. Des Weiteren geht es in dieser Dimension auch darum, dass ein kompetentes Erfassen von hilfreichen und weniger hilfreichen Einschätzungen in Bezug auf Unterschieden erkannt werden können. So zeigt sich dies in der eigenen Wahrnehmung, aber auch in unterschiedlichen beruflichen Kontexten.[196] Auf diese Weise beschäftigt sich ein kritisch-reflexiver Blick von

---

[194] Vgl. Aschenbrenner-Wellmann 2009: S. 58.
[195] Vgl. Kunert-Zier 2015: S. 144.
[196] Vgl. Aschenbrenner-Wellmann 2009: S. 60.

Sozialer Arbeit, welcher auf Diversity gerichtet ist, mit der Frage, aus welchem Grund, nach welchem Schema und mit was für Konsequenzen es verbunden ist, wenn in einer Situation Differenzlinien zum Tragen kommen und so in dem jeweiligen Kontext an Bedeutung gewinnen und wann sie als weniger wichtig eingestuft werden.[197]

Die affektive Dimension kennzeichnet unter anderem eine Wahrnehmung über verinnerlichte Werte, Einstellungen und Haltungen sowie deren Bedeutung in Bezug auf das persönliche Leben. Hiermit geht dann ein kritischer Blick einher, welcher sich von einem persönlichen Kontext über das Arbeitsumfeld zu einem gesellschaftskritischen Blick wandelt. Außerdem ist ein wesentlicher und wichtiger Faktor, dass Diversity eine komplexe Thematik ist und somit eine individuelle Bereitschaft bestehen sollte, sich immer neue Aspekte und somit Wissen anzueignen.[198]

So beschreibt Vinz Diversitykompetenz auch nicht als ein abgeschlossenes Set an Verhaltensweisen und Fähigkeiten. Vielmehr erfordert diese, konstante Wissensaneignung und so auch die Reflexion von Vorurteilen und Stereotypen. In diesem Rahmen wird auch das Konzept des Diversity Management genannt und so auch verdeutlicht, dass auch Organisationen sich diesem Lernprozess nicht entziehen sollten.[199] Durch diese Unabgeschlossenheit von Diversity schreibt Aschenbach-Wellmann auch von einer Veränderungskompetenz oder auch globalen Kompetenz. Bezogen auf die verhaltensbezogene Ebene ist dadurch auch

---

[197] Vgl. Mecheril/Plößer 2015: S. 329.
[198] Vgl. Aschenbrenner-Wellmann 2009: S. 60-61.
[199] Vgl. Vinz 2016: S. 298.

ein Ziel, im jeweiligen Kontext die passenden Strategien des Diversity-Managements umzusetzen. Außerdem beinhaltet diese unter anderem auch die individuelle Kompetenz in Interaktionen wertfrei zu kommunizieren. Zuletzt soll Diversitykompetenz als ein Merkmal von Qualität verinnerlicht werden.[200]

Durch die bisherigen Erläuterungen wurde bereits deutlich, dass Kompetenzen im Bereich von Diversity nichts sind, was man einfach hat, sondern durch gezieltes Erlernen sowie einer Förderung entstehen. So sprechen manche Autor:innen auch von Diversitylernen. Dieses macht deutlich, dass neu Gelerntes mit einer Umwandlung von verinnerlichten Erfahrungsmustern einhergeht. Ein fester Bestandteil bildet so auch unter anderem das Zulassen der eigenen Verunsicherung.[201] Wie bereits zuvor erläutert, ist dieses Lernen aber nicht auf den individuellen Menschen oder die jeweilige Zielgruppe begrenzt, sondern es erfordert auch eine lernende Organisation. Das Diversitylernen ist so Bestandteil von verschiedenen Kontexten einer Organisation.[202]

Es wird aber auch die Komplexität von Diversity deutlich, die sich unter anderem darin zeigt, dass unterschiedliche Autor:innen unterschiedliche Schwerpunkte in ihren Forschungen legen und so auch zu unterschiedlichen Erkenntnissen kommen, was den Kern von Diversitykompetenz darstellt. So legen manche einen Schwerpunkt auf den Faktor des Managements, andere möchten Unterscheidungen auflösen oder diese vermehrt reflektieren. So wird auch die

---

[200] Vgl. Aschenbrenner-Wellmann 2009: S.61.
[201] Vgl. Aschenbrenner-Wellmann 2009: S.62.
[202] Vgl. Stroot zit. nach Walgenbach 2017: S. 120.

Notwendigkeit der Entwicklung von Diversitykompetenz von unterschiedlichen Personen, je nach Fokus, unterschiedlich bewertet.[203]

Dieser Faktor wird auch bei den bereits erläuterten Hauptlinien von Diversity für die Soziale Arbeit deutlich. Für die Soziale Arbeit ziehen Mecheril und Plößer das Resümee, dass hierbei ein Fokus darauf gerichtet sein sollte, dass Ausgrenzung, welche aus der mangelnden Wahrnehmung von Differenzen entsteht, erkannt wird. Gleichzeitig ist aber auch der Aspekt der Macht zu berücksichtigen, der aus Anerkennung von Unterschieden resultiert. Wie bereits erläutert, ist dies ein unauflösliches Dilemma, da eben mit Anerkennung eine Normierungsmacht einhergeht.[204] So könnte in diesem Kontext nach Mecheril und Plößer eine Zielformulierung für die Soziale Arbeit sein *„eine kommunikative Berücksichtigung von Differenz und Identität, von Fremdheit und Anderssein zu ermöglichen, die dominante Differenzschemata nicht so relevant setzt, dass die Subjekte gezwungen oder verführt werden, sich in diesen Schemata darzustellen, und ihnen zugleich die Freiheit gewährt wird, sich in diesen Schemata zu artikulieren.“*[205]

Im Folgenden sollen nun die Bereiche Schulsozialarbeit sowie Gender- und Diversitykompetenz zusammengebracht werden, um so die Forschungsfrage final beantworten zu können.

---

[203] Vgl. Walgenbach 2017: S. 120.
[204] Vgl. Mecheril/Plößer 2015: S. 330.
[205] Mecheril/Plößer 2015: S. 330.

4. Gender- und Diversitykompetenz und Schulsozialarbeit

4.1 Bedeutung von Gender- und Diversitykompetenz in der Schulsozialarbeit

Wie durch die Kerndimensionen von Diversity deutlich wurde, können aus den unterschiedlichen Dimensionen verschiedene Benachteiligungen innerhalb der Schule resultieren. Welche Bedeutung hat somit Genderkompetenz für die Schulsozialarbeit?

Zuerst einmal kann gesagt werden, dass Schulen die Pflicht haben, Schüler:innen vor Diskriminierung zu schützen. Dadurch sollen Schulen gegenwärtige Diskriminierungen beenden und bezogen auf geschlechtliche und sexuelle Vielfalt eine diskriminierungsfreie Erziehung umsetzen. Diese Pflicht ergibt sich aus unterschiedlichen rechtlichen Rahmungen. So lässt sich hier unter anderem der allgemeine und besondere Gleichheitssatz des Art. 3 Grundgesetz nennen.[206] Es kann auch gesagt werden, dass Geschlecht innerhalb der Schule eine wesentliche Strukturkategorie darstellt und so beispielsweise der Schulsport ab einem bestimmten Alter getrennt nach „Mädchen" und „Jungen" stattfindet. Diese Trennung resultiert hierbei aus den scheinbar klaren biologischen Faktoren. Für Klocke ist somit die Thematisierung der sexuellen und geschlechtlichem Vielfalt in einem schulischen Kontext insoweit wichtig, da die Schule durch die Schulpflicht einen Bereich bildet, den Kinder und Jugendliche nicht umgehen können. Dadurch wird dort sehr viel Zeit verbracht und so kann es, je nach

---

[206] Vgl. Palzkill/Pohl/Scheffel et al. 2020: S. 28.

Umgang mit sexuellen und geschlechtlicher Vielfalt, zu positiven oder negativen Konsequenzen bei Schüler:innen kommen.[207]

Für ein Bewusstsein, welches die Akzeptanz von Vielfalt aufbauen möchte, benötigt es also ein Wissen über diese Verantwortung bei den in der Schule tätigen Personen wie zum Beispiel Schulsozialarbeiter:innen. Durch die Schulpflicht ist der Kontext der Schule auch ein Bereich, in dem man alle Menschen einer gewissen Altersspanne erreichen kann und dadurch ein wichtiger Bereich, um für Vielfalt zu sensibilisieren, sowie Diskriminierung und Vorurteilen entgegenzuwirken.[208] Diese Verantwortung thematisiert auch der Kooperationsverbund Schulsozialarbeit, indem dieser verdeutlicht, dass es für gendersensible Angebote einen genderkompetenten Kontext benötigt. So reicht es nicht aus, wenn vereinzelte Angebote der Schulsozialarbeit stattfinden, aber sonst dieses Thema keine Beachtung im Schulalltag findet. Vielmehr braucht es einen Rahmen, der dazu beiträgt, Schüler:innen die Möglichkeit zu geben, sich zum Beispiel mit ihren eigenen Vorstellungen in Bezug auf Normalität im Kontext von gender zu beschäftigen.[209]

Ein essenzieller Faktor für ein gelingendes genderkompetentes Handeln ist die Zusammenarbeit innerhalb der Schule. Dadurch ist die Grundlage des Handelns eine Kooperationsvereinbarung zwischen Jugendhilfe und Schule, welche verbindlich ist und auf eine gleichwertige Zusammenarbeit zielt. Ein Bewusstsein für Genderthematiken innerhalb der Schulsozialarbeit und so auch die

---

[207] Vgl. Klocke 2020: S. 358.
[208] Vgl. Klocke 2020: S. 358.
[209] Vgl. Kooperationsverbund Schulsozialarbeit 2019.

Selbstreflexion der Fachkraft, kann zu einer kritischen Betrachtung des eigenen geschlechtsbezogenen Handelns beitragen, sodass Schüler:innen bei der Entwicklung ihrer Identität Unterstützung erhalten.[210]

Wie unter dem Unterpunkt „doing gender" erläutert, kann das Zurechtfinden im binären System für Schüler:innen zu unterschiedlichen Problemen führen. Dadurch ist die Schule in der Pflicht, solche beschränkenden Bilder von Geschlecht zu reflektieren und nicht weiter zu reproduzieren. So kann Schulsozialarbeit zum Beispiel ein Bild von Männlichkeit, welches sich durch Stärke kennzeichnet, mit Schüler:innen hinterfragen und diese zum Nachdenken darüber anregen. Palzkill und Kolleg:innen nennen als ein weiteres Ziel einer geschlechterbewussten inklusiven Pädagogik, die Vermittlung von Wissen über die Bandbreite und Fluidität von Geschlecht. Außerdem sollen Schüler:innen dabei unterstützt werden, dass diese die Mehrdeutigkeiten und Ambivalenzen in Bezug auf Geschlecht bewältigen können und vor Diskriminierung und sexualisierter Gewalt geschützt sind.[211]

So sollte Schulsozialarbeit sich auch über unterschiedliche Barrieren bewusst sein, welche durch das binäre System resultieren. So könnte innerhalb der Schule dazu beigetragen werden, dass es Unisex-Toiletten gibt.[212] Es geht also darum einen generellen Blick für Genderthematiken aufzubauen und so auch Barrieren wahrzunehmen.

---

[210] Vgl. Kooperationsverbund Schulsozialarbeit 2019.
[211] Vgl. Palzkill/Pohl/Scheffel et al. 2020: S. 26.
[212] Vgl. Palzkill/Pohl/Scheffel et al. 2020: S. 44.

Dadurch sollten Schulsozialarbeiter:innen sich auch bewusst sein, inwieweit sie das binäre System weiter reproduzieren, indem sich zum Beispiel Angebote nur an „Mädchen" richten und somit Menschen, welche sich nicht dem binären System zuordnen möchten oder können, ausschließen. Hierbei kann Schulsozialarbeit durch sprachliche Veränderungen wie Mädchen*Treff/Mädchen_Treff eine Offenheit verdeutlichen. Eine solche sprachliche Veränderung wie der Genderstar und seine Bedeutung, muss dann aber auch im schulischen Kontext thematisiert werden. Denn nur so kann ein Bewusstsein für diese Offenheit geschaffen werden, sodass deutlich wird, dass die Kategorie „Mädchen" breiter gedacht wird.[213] So kann Mädchen* zum Beispiel für nicht-binäre Personen, welche sich aber eher dem weiblichen Spektrum zugehörig fühlen, eine Offenheit signalisieren. Auch kann mit einem solchen Stern auf die Konstruktion von Geschlecht aufmerksam gemacht werden. Für die trans*Frau FaulenzA ist aber die Benennung der Zielgruppe Frau*/Mädchen*, wenn dies das Ziel verfolgt, trans*Frauen einzuschließen, eine klare Diskriminierung. Gemäß ihrer Ansicht würde dadurch ein Bild vermittelt, dass Trans*Frauen keine „richtigen Frauen" sind und somit bei Veranstaltungen, die sich an „Frauen" richten, nicht mitgedacht werden.[214] Es wird folglich deutlich, dass unterschiedliche Intensionen mit einer solchen sprachlichen Veränderung ausgedrückt werden können und auch hinterfragt werden sollten.

Auf den Aspekt der Sprache soll im letzten Teil des Buches aber noch einmal gesondert eingegangen werden. Da aber ein Fokus auf Gender nicht ausreicht, ist

---

[213] Vgl. Schmitz 2014: S. 103.
[214] Vgl. FaulenzA: S. 70-71.

Genderkompetenz zusammen mit Diversitykompetenz anzustreben. So ist Gender eben nur eine von sechs Kerndimensionen von Diversity.

Als ein zentraler Anspruch von Schulsozialarbeit kann der Abbau von Benachteiligungen genannt werden. Fischer nennt hierbei neben dem § 1 (Recht auf Erziehung, Elternverantwortung und Jugendhilfe), § 11 (Jugendarbeit) und § 13 (Jugendsozialarbeit), auch den § 81 (Strukturelle Zusammenarbeit mit anderen Stellen und öffentlichen Einrichtungen) im SGB VIII, welcher wichtig ist. Betrachtet man hierbei im Speziellen den § 11 SGB VIII, bezieht dieser sich auf alle jungen Menschen und fordert Angebote ein, welche auf deren Interessen abgestimmt sind und ihnen eine Mitbestimmung und Mitgestaltung ermöglichen.[215]

Ausgehend von der Kinder- und Jugendhilfe soll die Schulsoziarbeit die Diversität von Schüler:innen im Fokus haben und dazu beitragen Ungerechtigkeit und Diskriminierung abzubauen. Außerdem soll Schulsozialarbeit einen Rahmen bieten, welcher unterstützend für die Entwicklung der Persönlichkeit wirkt.[216]

Für die Schulsozialarbeit passend, ist ein Diversity-Modell, welches als Fundament die Menschenrechte/Kinderrechte hat, welche dann zu den Leitlinien Anerkennung, Partizipation und Solidarität und Antidiskriminierung/Antirassismus führen. Hierfür können dann jegliche Methoden, welche diese Leitlinien zum Ziel haben, Verwendung finden.[217] Die

---

[215] Vgl. Fischer 2016: S. 83 und 87.
[216] Vgl. Kooperationsverbund Schulsozialarbeit 2019.
[217] Vgl. Fischer 2016: S. 109.

Kinderrechtskonvention ist hierbei hervorzuheben, da diese die spezielle Lebenssituation von Kindern im Blick hat, sowie deren Entwicklungsbedürfnisse.[218]

So lässt sich hier der Faktor der Bildung nennen, welcher nicht nur auf die Institution der Schule bezogen sein soll, sondern eben auch bezogen auf einen allgemeinen Rahmen, welcher eine unterstützende Entwicklung der Persönlichkeit in unterschiedlichen Kontexten und auf vielfältige Art und Weise zulässt. Hervorzuheben ist, dass Kinder sich je nach Kontext, in dem sie aufwachsen, ihre Welt aneignen. Die Schulsozialarbeit muss sich der Aufgabe bewusst sein, dass sie dazu beiträgt, welche Welt sich die Schüler:innen aneignen, in dem diese einen Rahmen aufzeigt.[219] Dadurch kann Schulsozialarbeit durch ihre Angebote einen vielfältigen Blick auf die Welt anregen oder diesen begrenzen. Im letzten Teil des Buches soll dies anhand von Sprache noch einmal aufgegriffen werden.

Wie bereits deutlich wurde, haben nicht alle Schüler:innen dieselben Bildungschancen. Somit ist Schulsozialarbeit hierbei auch ein wesentlicher Faktor zur Unterstützung aller Schüler:innen, um die Chancen auf Bildungsbeteiligung und gesellschaftliche Integration gleichberechtigt zu ermöglichen.[220] Außerdem ist festzuhalten, dass diese Bildungsungleichheit ein strukturelles Problem darstellt und somit Schulsozialarbeit auch in der Pflicht ist, einen politischen Auftrag zu erfüllen. Dieser zeigt sich in der Schule, aber auch im Gemeinwesen. Schulsozialarbeiter:innen sollten somit auf Faktoren der strukturellen

---

[218] Vgl. Fischer 2016: S. 111.
[219] Vgl. Baier 2016: S. 139.
[220] Vgl. Kooperationsverbund Schulsozialarbeit 2019.

Diskriminierung aufmerksam machen und so versuchen zu einer Veränderung beizutragen.[221]

Ein weiterer wichtiger Faktor stellt hierbei ein Recht auf Nicht-Diskriminierung dar. So wird im Artikel 2 Absatz 2 der UN-Kinderrechtskonvention unter anderem beschrieben, dass *„das Kind vor allen Formen der Diskriminierung zu schützen"* ist.[222] Der Begriff der Diskriminierung kann hierbei auf eine sehr vielfältige Art und Weise zum Ausdruck kommen. Wie durch vorherige Ausführungen schon deutlich wurde, ist das Schulsystem durch Strukturen geprägt, welche Diskriminierungen zur Folge haben, was im Umkehrschluss für die Umsetzung dieses Aspektes die Veränderung des Schulsystems bedeuten würde. Außerdem sind hierbei auch direkte Formen der Diskriminierung zu nennen, welche durch Mitschüler:innen, aber auch durch Erwachsene stattfinden können.[223]

So ist in diesem Rahmen auch der Begriff der Benachteiligtenförderung zu nennen, welcher kritisch zu betrachten ist. Wird so nämlich eine Gruppe als benachteiligt eingeordnet, kann es zu Zuschreibungen kommen. Ein diversitybewusstes Handeln in der Schulsozialarbeit sollte auf Individualisierung und Personenzentrierung gerichtet sein, um so individuell herauszufinden, was benötigt wird.[224] Schulsozialarbeiter:innen, welche diversitätsbewusst agieren, sollten sich außerdem bewusst sein, dass zum einen jede Zuschreibung diskriminierend wirken kann, aber gleichzeitig diese Kategorien in der

---

[221] Vgl. Brungs 2018: S. 479.
[222] UN-Kinderrechtskonvention Artikel 2 Abs. 2.
[223] Vgl. Baier 2016: S. 141-142.
[224] Vgl. Fischer 2016: S. 84-85.

Gesellschaft vorherrschen. Dadurch sind unterschiedliche Kategorien miteinander verbunden und bringen andere Formen der Diskriminierung hervor.[225] Es ist also ein Wissen über Intersektionalität von hoher Bedeutung.

Für die Schulsozialarbeit ergeben sich so unterschiedliche Aufgaben. Zum einen kann sie dazu beitragen, dass Kinder über ihre Rechte allgemein, aber eben auch in Bezug auf Diskriminierung Bescheid wissen. Des Weiteren stellt sie auch eine Anlaufstelle bei Diskriminierung dar.[226] Ein kritischer Blick, der in der Schulsozialarbeit Tätigen ist, erforderlich, um diese (strukturelle) Diskriminierung, aber auch andere Zuschreibungen wahrzunehmen. Denn nur so, kann ein Bewusstsein für die daraus folgenden Konsequenzen und nicht förderliche Strukturen entstehen. Mit einem solchen Bewusstsein kann Schulsozialarbeit dazu beitragen, den Zugang von Schüler:innen zu Ressourcen zu erleichtern und individuell unterstützend zu wirken.[227]

In diesem Rahmen lässt sich auch die Wichtigkeit eines Leitbilds veranschaulichen. Durch ein Leitbild wird eine Grundlage der Werte und Haltungen, welche innerhalb der Schule gelebt werden sollen, von den in der Schule Tätigen festgeschrieben. Wichtig hierbei ist aber die klare Darlegung der unterschiedlichen Diskriminierungsdimensionen.[228] In Bezug auf sexuelle und geschlechtliche Vielfalt, sollte somit eine klare Positionierung durch ein solches Leitbild deutlich werden, sodass ein anerkennender und unterstützender Rahmen

---

[225] Vgl. Fischer 2016: S. 106.
[226] Vgl. Baier 2016: S. 142.
[227] Vgl. Kooperationsverbund Schulsozialarbeit 2019.
[228] Vgl. z.B. Antidiskriminierungsstelle zit. nach Palzkill/Pohl/Scheffel et al. 2020: S. 40.

für LSBTIQ* festgeschrieben ist.[229] Mit Blick auf die Diversität innerhalb einer Schule, muss aber ein solches Leitbild natürlich einen größeren Blickwinkel auf verschiedene Dimensionen eröffnen.

Bezogen auf den Abbau von Benachteiligungen, ist auch ein Recht auf Beteiligung zu nennen und somit der Faktor der Partizipation innerhalb der Schule. So kann Schulsozialarbeit durch Projekte die Partizipation fördern, indem diese lebensweltlich ausgerichtet sind und nicht einen Faktor darstellen, der vom Lehrplan abgearbeitet wird.[230] In diesem Kontext beschreibt Biebricher, dass regelmäßige Partizipationserfahrungen auf unterschiedliche Art und Weise vorteilhaft zu beurteilen sind und eben durch die UN-Kinderrechtskonvention eine Verpflichtung hierzu besteht. So können solche Erfahrungen unter anderem dazu führen, dass Selbstwirksamkeit aufgebaut wird und Kooperationen zwischen Schüler:innen entstehen. Dadurch kann dazu beigetragen werden, dass Vorurteile abgebaut, sowie der Bildung von Parallelgesellschaften vorgebeugt werden.[231] Außerdem ist eine Schulsozialarbeit, welche lebensweltlich ausgerichtet sein möchte, nicht ohne den Faktor der Partizipation zu erreichen.[232]

Ein weiterer Faktor, welcher für Gender- und Diversitykompetenz innerhalb der Schule von Bedeutung ist, stellt Anerkennung dar. So beschreiben Haude und Kolleg:innen, dass ein Rahmen, welcher von Anerkennung geprägt ist, dazu beiträgt, dass ein Ort entsteht, an dem man sich wohl fühlt. Ein solcher Rahmen

---

[229] Vgl. Palzkill/Pohl/Scheffel et al. 2020: S. 40.
[230] Vgl. Baier 2016: S. 142-143.
[231] Vgl. Biebricher 2011: S. 225-226.
[232] Vgl. Thole zit. nach Biebricher 2011: S. 232.

trägt somit zu der kognitiven und sozialen Entwicklung der Schüler:innen bei.[233] Die ohnehin schon immer wichtige Voraussetzung eines anerkennenden Umgangs innerhalb der Sozialen Arbeit, wird im Setting Schule durch Faktoren wie Ganztagsschulen umso wichtiger. Somit verbringen Kinder immer mehr Zeit innerhalb der Schule und dadurch kann die Schulsozialarbeit dazu beitragen, die Schüler:innen in ihren Entwicklungs- und Lernprozessen zu unterstützen und für Vielfalt zu sensibilisieren. Auch geht mit einer Vielfalt von Schüler:innen häufig Unsicherheit bei Lehrkräften einher, welche durch Schulsozialarbeit Beratung und Unterstützung erhalten können.[234]

Die Wichtigkeit der Anerkennung zeigt sich für viele Schüler:innen auch im Wahren der Vertraulichkeit der Schulsozialarbeit, welche ein besonders hohes Gut darstellt. Des Weiteren ist eine Sympathie zu der Fachkraft wichtig. Diese Sympathie entwickelt sich aber nicht allein durch deren Persönlichkeit. Vielmehr spielt für Schüler:innen die professionelle Haltung eine Rolle, welche sich durch Faktoren wie Wertschätzung, Respekt, Anerkennung und Partizipation zeigen.[235] Ein Zeichen von Respekt und Anerkennung könnte in diesem Rahmen auch durch die Gestaltung des Beratungszimmers gezeigt werden. So könnten zum Beispiel Flyer von Einrichtungen für LSBTIQ* ein Zeichen für Solidarität darstellen.

---

[233] Vgl. Horstkemper/Tillmann zit. nach Haude/ Volk/Fabel-Lamla 2018: S. 144.
[234] Vgl. Haude/ Volk/Fabel-Lamla 2018: S. 146-148.
[235] Vgl. Baier zit. nach Stüwe/Ermel/Haupt 2015: S. 34-35.

Gleichzeitig geht es aber um ein Abwägen der Anerkennung und Wertschätzung der jeweiligen Kategorien und einem Bewusstsein bei der Schulsozialarbeit, dass diese Kategorien aus Macht- und Ungleichverhältnissen resultieren.[236]

Wichtig hierbei ist es aber auch, hervorzuheben, dass die Umsetzung der Kinderrechte eine Aufgabe der Gesellschaft darstellt und somit die Schulsozialarbeit sich nicht in der alleinigen Pflicht sehen sollte.[237] Dienen die Menschen- und Kinderrechte als das Fundament, kann dies als ein ethischer Rahmen verstanden werden, welcher zu einer Pädagogik der Anerkennung beiträgt. In diesem Rahmen bildet die Bildungsgerechtigkeit einen wesentlichen Faktor sowie die Arbeit gegen Diskriminierung. [238]

Im letzten Kapitel des Buches soll nun der Nutzen von Gender und Diversitykompetenz für die Schulsozialarbeit anhand von Sprache erläutert werden.

---

[236] Vgl. Walgenbach/Pfahl 2017: S. 155.
[237] Vgl. Baier 2016: S. 142
[238] Vgl. Fischer 2016: S. 123.

4.2 Nutzen von Gender- und Diversitykompetenz für die Schulsozialarbeit anhand von Sprache

Da Sprache allgegenwärtig ist und außerdem eine Möglichkeit bietet Gender- und Diversitykompetenz transparent aufzuzeigen, soll nun im letzten Teil des Buches hierauf der Fokus liegen. Betrachtet man die Schulsozialarbeit, ist Sprache innerhalb der Schule schon insoweit ein Thema, da es häufig eine Vielfalt an gesprochenen Erstsprachen gibt. Im Folgenden soll nun aber ein größerer Blick in Bezug auf Sprache aufgeworfen und so der Nutzen von Sprache für Gender- und Diversitykompetenz innerhalb der Schulsozialarbeit deutlich werden. Da Sprache ein sehr großes Thema ist, kann im Folgenden nur ein minimaler Einblick in diese Thematik gegeben werden.

Die starke Bedeutung von Sprache wird in einer Aussage von Czollek und Kolleg:innen hervorgehoben. So wird hierbei beschrieben, dass Sprache *„nicht nur (bewusste oder unbewusste) wirkungslose Äußerungen sind, sondern immer auch eine Wirkung"* haben und *„immer auch für andere Menschen verletzend, diskriminierend oder wertschätzend und anerkennend sein"* können.[239] Dadurch sollte ein Bewusstsein dieser Macht bestehen und so auch darüber, dass unterschiedliche Menschen dadurch Privilegien haben oder auch nicht.[240]

Um die eigene Sprache zu reflektieren, ist es hilfreich sich die folgenden Fragen zu stellen: *„Wie rede ich mit jemanden? - Was vermittle ich an (bewussten und unbewussten) Inhalten? - Wie rede ich über Andere? - Wer wird angesprochen,*

---

[239] Czollek u.a. zit. nach IMST – Gender_Diversitäten Netzwerk 2014: S. 1.
[240] Vgl. IMST – Gender_Diversitäten Netzwerk 2014: S. 2.

wer wird nicht angesprochen?".[241] Dadurch ist Sprache auch als Spiegel von gesellschaftlichen Strukturen zu verstehen und verdeutlicht somit unter anderem Machtverhältnisse. Durch Sprache werden Vorstellungen von Normalität und eine Sicht auf die Welt verdeutlicht. Je nach Einsatz von Sprache können somit Ungleichheit erzeugt oder dieser entgegengewirkt werden.[242]

So heben Hornscheidt und Sammla hervor, dass respektvolle und diskriminierungskritische gesprochene und geschriebene Sprache dazu führt, dass Menschen nach ihren Bedürfnissen angesprochen und bezeichnet werden. Außerdem führt diese dazu, dass sich die Vielfalt aller Menschen in der Sprache widerspiegelt und alle angesprochen werden. Ein Faktor, der hierbei hervorzuheben ist, dass Sprache nichts Starres darstellt und somit offen für Veränderungen gedacht werden muss.[243]

Außerdem sollte bei der Schulsozialarbeit auch ein Bewusstsein darüber bestehen, dass sprachliche Diskriminierung sich nicht nur in direkten Formen wie Beschimpfungen zeigen, sondern eben auch wenn Gesellschaftsgruppen nicht in der Sprache vorkommen. Somit ist Schulsozialarbeit auch in der Pflicht ihren Fokus auf diskriminierende Sprache von anderen Personen zu richten, nicht wegzuschauen und so diese auf ihr diskriminierendes Handeln aufmerksam zu machen.[244]

---

[241] IMST – Gender_Diversitäten Netzwerk 2014: S. 1.
[242] Vgl. IMST – Gender_Diversitäten Netzwerk 2014: S.1.
[243] Vgl. Hornscheidt/Sammla 2021: S. 16.
[244] Vgl. IMST – Gender_Diversitäten Netzwerk 2014: S. 8.

Für eine Veränderung innerhalb der Sprache sowie für den Abbau von Benachteiligung kann auf unterschiedliche Arten zu gendern zurückgegriffen werden. Der Doppelpunkt, welcher hier in der Arbeit gewählt wurde, ist zum Beispiel eine genderinklusive Art, welche alle Gendervorstellungen beinhaltet und so auch die männliche und weibliche Form. Alles, was nicht in dieses Spektrum passt, ist somit dem Sonderzeichen untergeordnet, was kritisch betrachtet werden kann.[245] Dieser Fakt sollte somit also immer berücksichtigt werden. Für die Schulsozialarbeit spielen somit daneben genderfreie Formen eine wichtige Rolle. So könnte Schulsozialarbeit, sich bei ihrer Zielgruppenbeschreibung an alle Kinder, welche die Schule besuchen, richten. Diese Form eröffnet neue Chancen für die eigene Wahrnehmung und weg von einem Fokus auf gender. So kann die Handlung wie zum Beispiel das Besuchen der Schule deutlich werden, aber stellt trotzdem heraus, dass die Kinder nicht „nur" diese Rolle sind.[246]

Wie im Unterpunkt „doing gender" deutlich wurde, wird gender hergestellt und so ist es auch nicht verwunderlich, dass durch das Äußere einer Person wie Kleidung oder Stimme eine Einordnung in das binäre System stattfindet. Daraus resultiert dann auch eine zweigeschlechtliche Anrede. Stimmen oder Kleidung haben aber kein Geschlecht und sagen somit nichts über das Gender einer Person aus, sondern eben über die Kultur, in der man lebt. Möchte also die Schulsozialarbeit sich von diesem System distanzieren, so schlagen Hornscheidt und Sammla vor, die jeweilige Person unabhängig der geschlechtlichen Inszenierung beziehungsweise

---

[245] Vgl. Hornscheidt/Sammla 2021: S. 44-45.
[246] Vgl. Hornscheidt/Sammla 2021: S. 50

Leseart mit Vor- und Nachnamen anzusprechen. Auch sollte die jeweilige Person direkt gefragt werden, wie diese angesprochen werden möchte.[247]

Wie bereits beschrieben wurde, ist der Ort der Schule ein wesentlicher Bereich, welcher für Vielfalt sensibilisieren, aber diese auch behindern kann. So kann das Bild, welches von sexueller und geschlechtlicher Vielfalt gezeigt wird, Normalitäten (re)produzieren.[248] Eine Schulsozialarbeit, welche sich dieser Problematik bewusst ist, kann durch geschlechtergerechte Sprache dazu beitragen, dass die Vielfalt an Menschen auch im Schulalltag an Sichtbarkeit gewinnt. Außerdem sollte die Schule diese Offenheit gegenüber sexueller Vielfalt, aber auch anderen Aspekten klar und deutlich darlegen, was durch die Homepage der Fall sein kann. Speziell für die Schulsozialarbeit, könnte diese auf der Homepage somit als ein Beratungsanlass das Coming-Out nennen und allgemein betrachtet deutlich machen, dass sich das Angebot an alle Schüler:innen in ihrer Vielfalt richtet.[249] Ein weiterer Aspekt, welcher in Bezug auf die Schulhomepage betrachtet werden sollte, sind sprachliche Barrieren, welche eventuell gegeben sind. So kann sich eine solche Homepage durch die Schriftgröße, Schriftart, barrierefreie Sprache oder Audiokommentare zeigen.[250] Die Möglichkeit wichtige Informationen in verschiedenen Sprachen zu erhalten, ist ebenfalls ein wichtiger Faktor, welcher dazu beiträgt, diversitygerecht zu agieren.

---

[247] Vgl. Hornscheidt/Sammla 2021: S. 112-113.
[248] Vgl. Palzkill/Pohl/Scheffel et al. 2020: S. 51.
[249] Vgl. Palzkill/Pohl/Scheffel et al. 2020: S. 42/64.
[250] Vgl. IMST – Gender_Diversitäten Netzwerk 2014: S. 10.

Der UN-Behindertenrechtskonvention folgend, kann so gesagt werden, dass alle Programme und so auch eine Schulhomepage so aufgebaut sein sollen, dass diese *„von allen Menschen möglichst weitgehend ohne eine Anpassung oder spezielles Design genutzt werden können".*[251]

Im Kontext des Abbaus von Barrieren kann somit Leichte Sprache genannt werden. Als Leichte Sprache bezeichnet man Sprache in einfachem Deutsch, welche grammatikalisch richtig ist. Hierzu findet sich ein festes Regelwerk, welches dazu beiträgt, so vielen Menschen wie möglich den Zugang zur Sprache zu ermöglichen. Um dies umzusetzen, finden sich zum Beispiel kurze Sätze oder es wird eine Schriftgröße gewählt, welche augenfreundlich ist. Außerdem werden, soweit dies möglich ist, keine Fremdwörter gewählt beziehungsweise diese erklärt. Die Verwendung von Leichter Sprache kann die Barrieren für verschiedene Zielgruppen verringern. So profitieren davon Menschen mit Lernbeeinträchtigung oder auch Menschen, welche eine Beeinträchtigung der Sinnesorgane haben. Dadurch kann zum Beispiel große Schrift bei einer Sehbehinderung hilfreich sein.[252] Betrachtet man die Deutsche Gebärdensprache und die deutsche Laut-/Schriftsprache in ihrem jeweiligen Aufbau und der linguistischen Struktur, so weichen diese voneinander ab. Dadurch kann nicht davon ausgegangen werden, dass geschriebene Informationen vollständig erfasst werden, wenn die jeweilige Person die deutsche Schriftsprache nicht beherrscht.[253] Die Verwendung von Leichter Sprache ist also auch hier sinnvoll. Auch für

---

[251] UN-Behindertenrechtskonvention Artikel 2.
[252] Vgl. Apel-Jösch 2020: S. 16-17.
[253] Vgl. Landesverband der Gehörlosen Baden-Württemberg e.V. 2015: S. 9.

Menschen, welche anfangen die deutsche Sprache zu lernen oder für analphabetische Menschen, kann leichte Sprache eine wichtige Ressource zum Abbau von sprachlichen Barrieren darstellen.[254]

Wie könnte also eine Beratung der Schulsozialarbeit in leichter Sprache aussehen? Zwei Aspekte hierbei sind der Sprachrhythmus und Sprachgebrauch, welche dazu beitragen, eine respektvollere Kommunikation zu erreichen. Diese können sich darin zeigen, dass man langsam spricht oder auch wichtige Informationen innerhalb des Gesprächs deutlich macht. Auch ist hierbei die Beratungshaltung sowie Kompetenzen zu nennen, welche sich in längere Sprechpausen oder auch im bewussten Nachfragen, ob alles verstanden wurde deutlich werden kann.[255] Neben unterschiedlichen sprachlichen Voraussetzungen ist auch die Altersspanne der Zielgruppe von Schulsozialarbeit recht groß. Dadurch muss unter anderem die Sprache auch an das Alter der jeweiligen Person angepasst werden. Somit ist je nach zu beratender Person die Anpassung der Wortwahl nötig, sodass zum Beispiel nicht zu komplizierte Wörter oder Sätze verwendet werden.[256]

Generell geht es also darum, eine Wahrnehmung für mögliche Probleme aufzubauen. Wird zum Beispiel von der Schule bzw. der Schulsozialarbeit ein Vortrag angeboten, sollte vorher überlegt werden, welche Barrieren sich ergeben könnten. Möchte man Menschen, welche auf Gebärdensprache angewiesen sind, einschließen, so müsste eventuell auf eine Person, welche Gebärden dolmetschen kann, zurückgegriffen werden. Dadurch wäre es hilfreich, mögliche Barrieren

---

[254] Vgl. Apel-Jösch 2020: S. 17-18.
[255] Vgl. Mayer/Heischbourg 2018: S. 232-233.
[256] Vgl. Mayer/Heischbourg 2018: S.234.

vorher durch Umfragen oder ähnliches abzufragen.[257] Auch ist es wichtig eine barrierefreie Kontaktaufnahme zu ermöglichen, welche sich nicht nur auf ein Medium wie das Telefon beschränkt.[258]

Wie bereits deutlich wurde, bildet ein Nutzen von Sprache das Sichtbarmachen der Vielfalt innerhalb der Schule. Diesen Aspekt kann Schulsozialarbeit unterstützen, in dem diese bewusst informiert. So kann durch Schaukästen oder Pinnwände gezielt über Themen informiert werden. Ein großer Vorteil hierbei ist, dass einerseits informiert wird, aber eben auch, dass zum Beispiel LSBTIQ* sichtbar gemacht werden können. Des Weiteren kann die Schulsozialarbeit auch anregen, dass die Schulbibliothek Bücher und Filme anbietet, welche die Vielfalt, die in der Gesellschaft herrscht, auch widerspiegelt.[259]

Betrachtet man die Sprache unter Jugendlichen, ist diese häufig durch verschiedene sprachliche Diskriminierungen geprägt und zeigt sich oft in Beleidigungen wie zum Beispiel „bist du behindert?".[260] Klocke beschreibt in Bezug auf die sexuelle und geschlechtliche Vielfalt, „Schwuchtel", „schwul" und „Lesbe" als verbreitete Schimpfwörter. Diese häufige Benutzung führt dann zu einem negativen Bild gegenüber diesen Gruppen. Aus diesem Grund sollten diese Beleidigungen aufgegriffen werden. Denn leider werden solche gruppenbezogenen Beleidigungen von Jugendlichen häufig entschuldigt, bagatellisiert oder von pädagogischen Fachkräften ignoriert. Als Grund wird

---

[257] Vgl. Landesverband der Gehörlosen Baden-Württemberg e.V. 2015: S. 21.
[258] Vgl. Landesverband der Gehörlosen Baden-Württemberg e.V. 2015: S. 19.
[259] Vgl. Palzkill/Pohl/Scheffel et al. 2020: S. 42.
[260] Vgl. IMST – Gender_Diversitäten Netzwerk 2014: S. 8.

häufig angeführt, dass die Beleidigungen „nicht so gemeint" waren. Hierbei ist aber die jeweilige Intention der Beleidigung insoweit nicht relevant, als sich trotzdem immer eine diskriminierende Wirkung hieraus ergibt. Es könnte so von der Schulsozialarbeit gefragt werden, weshalb die Person „schwul" als Schimpfwort verwendet. So sollte zuerst einmal in ein Gespräch gegangen werden. Wenn durch ein solches Gespräch nicht der gewünschte Effekt erzielt wird, sollte auf das Leitbild der Schule beziehungsweise andere gesetzliche Rahmungen verwiesen werden oder als letzten Schritt auch Sanktionen angekündigt und erlassen werden.[261]

Wie bereits erläutert wurde, ist es für eine Veränderung innerhalb der Schule wichtig, Themen wie die sexuelle Vielfalt nicht als vereinzelte Angebote zu gestalten, sondern fest im Schulalltag zu verankern.

In diesem Rahmen bietet sich das bundesweite Antidiskriminierungsprojekt „Schule der Vielfalt"[262] an, welches das Ziel verfolgt eine Sichtbarkeit und Anerkennung von LSBTIQ* innerhalb der Schule zu erreichen. Als „Schule der Vielfalt" wird hierbei zum einen ein Programm der Aus- und Fortbildung verstanden, zum anderen ein Netzwerk von Schulprojekten innerhalb der Schulen. Außerdem zeichnet es sich durch einen intersektionalen Blick aus, wodurch das Projekt zum Beispiel mit der Initiative „Schule ohne Rassismus – Schule mit Courage" kooperiert. Um offizielle Projektschule zu werden, müssen hierbei

---

[261] Vgl. Klocke 2020: S. 357, 363-364.

[262] *„Die Initiative „Schule der Vielfalt – Schule ohne Homophobie" wurde gemeinsam von der Landeskoordination der Anti-Gewalt-Arbeit für Lesben, Schule und Trans* in NRW und dem damaligen lesbisch-schwulen Schulaufklärungsprojekt Schlau NRW 2008 ins Leben gerufen."* (Palzkill/Pohl/Scheffel et al. 2020: S. 90)

unterschiedliche Aspekte erfüllt werden.[263] Einer dieser Aspekte stellt der positive Beschluss der Schulkonferenz dar, sowie das Unterschreiben einer Verpflichtungserklärung. Ein weiterer Faktor stellt das Projektschild dar, welches durch den Text „Come in – Wir sind offen" einen Blickwinkel des Umgangs innerhalb der Schule, aber auch nach außen zeigen soll. Durch jährliche Treffen der Projektschulen können diese sich austauschen und voneinander profitieren. Betrachtet man so den Faktor, dass „schwul" häufig als Beleidigung benutzt wird, würde sich dies zum Aufgreifen innerhalb von Projekten eignen. Andere Möglichkeiten sind Verknüpfungen innerhalb des Unterrichts, Gründungen von Arbeitsgemeinschaften oder wie beschrieben den Ausbau des Angebots innerhalb der Schulbibliothek.[264]

Weitet man nun den Blick auf andere Diversitydimensionen aus, so sollten auch andere stereotype Bilder und Beleidigungen nicht unbeachtet bleiben und können so unter anderem für Projekte oder Angebote genutzt werden.

Hierbei gilt es neben der gesprochenen und geschriebenen Sprache auch den Blick auf der Bildsprache zu haben. Denn Medien tragen wesentlich dazu bei, dass es zu Zuschreibungen kommt. Für die Schulsozialarbeit bedeutet dies also ein kritisches Hinterfragen von verwendeten Medien. Ein Ziel sollte es also sein, Bilder oder ähnliches, welche Stereotypen reproduzieren, wahrzunehmen und so zu reflektieren, dass diese nichtdiskriminierend sind. Betrachtet man beispielsweise die Darstellung von behinderten Menschen innerhalb der Medien, so ist diese nicht

---

[263] Vgl. Palzkill/Pohl/Scheffel et al. 2020: S. 90-91.
[264] Vgl. Palzkill/Pohl/Scheffel et al. 2020: S. 92-93.

sehr vielschichtig und begrenzt sich auf einige Behinderungsarten. Auch ist häufig die Darstellung mit dem Fokus auf die Behinderung verknüpft. Hierbei würde sich also ein diversitätsbewusstes Handeln darin zeigen, gezielt Bilder zu wählen, bei denen die Behinderung nicht im Fokus steht. So kann gezeigt werden, dass die Behinderung die Person nicht be_hindert, ein aktiver Teil zum Beispiel der Klassengemeinschaft zu sein. Allgemein kann somit festgestellt werden, dass diese selbstständig sind oder auch am gesellschaftlichen Leben teilnehmen.[265]

So sind auch Aussagen wie „an den Rollstuhl gefesselt" oder ähnliches, fehl am Platz. Es geht also allgemein darum Begriffe zu hinterfragen und so auch aus dem eigenen Wortschatz zu entfernen. Beispielhaft lassen sich hier die Begriffe „Dritte Welt" oder „Schwarze" nennen. Der Begriff „Dritte Welt" verdeutlicht eine Hierarchie, welche Europa als hochentwickelt gegenüber von anderen Ländern und Regionen herausstellt. Die Zweite Welt waren Schwellenländer und die Erste Welt hochentwickelte Industrieländer. Durch die Verwendung dieses Begriffs wird also die Hierarchie immer weiter reproduziert und ein Verschulden an dieser Kluft unsichtbar gemacht.[266] Dadurch sollte heute dieser Begriff durch Globaler Süden/Globaler Norden ersetzt werden, welche die benachteiligte oder privilegierte Position innerhalb der globalen Welt beschreiben. [267]

Nimmt man den Begriff „Schwarze" beschreibt das folgende Zitat die Verwendung sehr gut: *„Wenn es um Rassismus, unterschiedliche Erfahrungen und Sozialisationen geht, ist der politisch korrekte Begriff Schwarze. In allen anderen*

---

[265] Vgl. IMST – Gender_Diversitäten Netzwerk 2014. S. 10.
[266] Vgl. Neue Deutsche Medienmacher 2021.
[267] Vgl. Neue Deutsche Medienmacher 2021.

Fällen gibt es aber meistens gar keinen Grund, dazu zu sagen, ob eine Person Schwarz oder weiß ist."[268] So ist auch vom Begriff „farbig" Abstand zu nehmen, da dieser durch den Kolonialismus geprägt wurde und dadurch negativ behaftet ist. Vielmehr sollten heute die Selbstbezeichnungen wie Black Indigenous and People of Color Verwendung finden.[269] Wird so noch einmal ein Bezug auf das gerade erläuterte Zitat aufgebaut, so ist es annehmbar, dass in der Berichterstattung über rassistische Vorfälle von beispielsweise „Schwarzen Schüler:innen" gesprochen wird.

Da Rassismus in Schulen häufig allgegenwärtig ist, bietet es sich an, dies zum Thema zu machen. Hier können als Aufhänger Beleidigungen dienen oder auch Stereotypen. So sind auch Kinderbücher kritisch auf rassistische oder andere Begriffe zu betrachten. Dadurch kann dazu beigetragen werden, rassistische und diskriminierende Weltbilder nicht weiter zu (re)produzieren.[270]

Hornscheidt und Sammla beschreiben somit, dass Veränderungen innerhalb der Sprache unsere Realität gestalten und verändern. Sie tragen dazu bei, dass Menschen wahrgenommen werden. Auch sind sie ein Zeichen von Respekt und Achtung. Dadurch beschreiben die Beiden auch, dass Veränderungen der Sprache immer möglich und somit kreativ, diskriminierungskritisch und respektvoll sind. Der Respekt gegenüber anderen Menschen sollte somit immer im Fokus stehen.

---

[268] Der Braune Mob zit. nach Neue Deutsche Medienmacher 2021.
[269] Vgl. Neue Deutsche Medienmacher 2021.
[270] Vgl. Hornscheidt/Sammla 2021: S. 140.

Dies gelingt, indem den diskriminierten Personen zugehört wird und für das persönliche sprachliche Verhalten Verantwortung übernommen wird.[271]

Wie am Anfang dieses Kapitels beschrieben, ist Sprache immer in Bewegung und muss dadurch auch immer wieder hinterfragt und neu gedacht werden.

---

[271] Vgl. Hornscheidt/Sammla 2021: S. 150.

5. Fazit

Am Ende dieses Buches soll nun noch einmal ein Fokus auf der zu Beginn formulierten Fragestellung liegen. Um eine Grundlage des betrachtenden Feldes innerhalb der Sozialen Arbeit aufzuzeigen, wurde hierfür zuerst einmal ein Überblick über die Schulsozialarbeit gegeben. Im Anschluss fand eine Veranschaulichung der Begriffe sex und gender, doing gender und Genderkompetenz statt. Durch diese Veranschaulichung wurde die Konstruiertheit des binären Systems deutlich und dessen dauerhafte Herstellung. Für die Forschungsfrage waren diese Grundlagen wichtig, um schließlich herauszuarbeiten, was Genderkompetenz meint. Nachfolgend fand eine Auseinandersetzung mit Diversity statt. Bei dieser wurden unter anderem die Hauptlinien von Diversity für die Soziale Arbeit herausgearbeitet, um so allgemein deutlich zu machen, welche Rolle diese im Feld einnimmt sowie die Dimensionen von Diversity betrachtet. So konnte schlussendlich dargelegt werden, was Diversitykompetenz meint.

In Bezug auf die Fragestellung, kann gesagt werden, dass die Schule einen wesentlichen Bereich darstellt, in dem Kinder und Jugendliche für ihr weiteres Leben geprägt werden und so auch in Bezug auf das Miteinander mit anderen Menschen. Somit sollte dieser Bereich nicht unterschätzt werden, wenn es um die Sensibilisierung von Vielfalt geht. Außerdem ergeben sich aus unterschiedlichen gesetzlichen Grundlagen, wie den Kinderrechten, die Verpflichtung dazu, dass Schule sich mit Gender- und Diversitythematiken beschäftigt.

Möchte Schulsozialarbeit Benachteiligungen abbauen, ist es wichtig den eigenen Blick zu vergrößern. Dadurch sollte dann ein Bewusstsein darüber bestehen, dass Gender- und Diversitykompetenz einerseits einen Rahmen umfasst, in dem Schüler:innen in ihrer Vielfalt anerkannt werden, aber andererseits auch ein Wissen darüber, wie die jeweiligen Kategorien entstanden sind und welche individuellen Auswirkungen diese haben. So sind in diesem Rahmen Machtverhältnisse zu reflektieren. Auch die Normierungsmacht, welche in der Sozialen Arbeit verinnerlicht ist, sollte hierbei nicht unbeachtet bleiben. Dadurch sollte hier auch immer ein Blick auf Privilegien unterschiedlicher Gruppen gerichtet sein. Außerdem sollte der Blick intersektional sein. Mit einem Bewusstsein darüber, dass Differenzen innerhalb der Gesellschaft hergestellt werden, kann Schulsozialarbeit mitwirken, in ihrem Rahmen zu Veränderungen beizutragen und auf Missstände wie Bildungsbenachteiligung aufmerksam machen. Dadurch ergibt sich ein politischer Auftrag der Schulsozialarbeit. Somit sind auch der schulische Kontext und die Zusammenarbeit innerhalb der Schule wesentlich für das Gelingen in diesem Rahmen.

Der Nutzen von Gender- und Diversitykompetenz wurde innerhalb dieses Buches anhand von Sprache verdeutlicht und so auch die Macht von Sprache herausgestellt. Es wurde dargelegt, dass Sprache Menschen einschließen, aber eben auch ausschließen kann. Somit können sich Barrieren dadurch ergeben, dass Menschen nicht in der Sprache vorkommen und folglich unsichtbar gemacht werden oder auch ganz klar durch Sprache diskriminiert werden. Möchte Schulsozialarbeit also einen Ausschluss durch Sprache nicht immer wieder reproduzieren, muss sie sich mit ihrer Sprache beschäftigen. Hierbei sollte

Schulsozialarbeit sich nicht nur auf die gesprochene Sprache fixieren. Findet eine solche Beschäftigung und Reflexion mit der eigenen Sprache statt, kann dazu beigetragen werden, dass der von der Schulsozialarbeit aufgezeigte Blick auf die Welt vielfältiger ist und somit auch bei Schüler:innen verändert wird. Möchte Schulsozialarbeit respektvoll agieren, ist es unumgänglich dies auch in der eigenen Sprache widerzuspiegeln. Hierfür bedarf es auch der Verantwortung für das eigene sprachliche Handeln. Schulsozialarbeit trägt durch eine gender- und diversitysensible Sprache dazu bei, dass die Wahrnehmung und Sichtbarkeit von Vielfalt innerhalb der Schule erhöht wird. Somit ist Sprache auch ein wesentlicher Faktor, welcher antidiskriminierend wirkt. Schulsozialarbeit kann somit dazu beitragen, dass das Schulklima sich verbessert und eine allgemeine Offenheit innerhalb der Schule angestrebt wird.

Schlussendlich kann also gesagt werden, dass Schulsozialarbeiter:innen sich ihrer wichtigen Verantwortung bewusst sein und somit immer offen sein sollten, neue Dinge zu lernen und ihr Handeln zu hinterfragen. Hierfür wäre es hilfreich, wenn in den Lehrplänen von Hochschulen der Sozialen Arbeit, aber auch in der Ausbildung von Lehrkräften Gender- und Diversitythematiken einen größeren Raum einnehmen würden. Auch gibt es wie in der Einleitung dargelegt noch Raum für Forschungen in diesem Bereich. Als ein zukünftiges Ziel sollte es angestrebt werden, dass Kategorien wie die Geschlechterkategorie irgendwann keine so relevante Rolle mehr spielen und jede Person nach eigenen Wünschen ohne Einschränkungen leben kann.

Quellen

Abdul-Hussain, Surur (2012): Genderkompetenz in Supervision und Coaching. Mit einem Beitrag von Ilse Orth und Hilarion G. Petzold zu „Genderintegrität", Wiesbaden.

Antidiskriminierungsstelle des Bundes (2020): Frau – Mann - Divers: Die „Dritte Option" und das Allgemeine Gleichbehandlungsgesetz, https://www.antidiskriminierungsstelle.de/DE/ThemenUndForschung/Geschlecht/Dritte_Option/ Dritte_Option_node.html (Zugriff 12.03.21)

Apel-Jösch, Vera (2020): Leichte Sprache. Barrierefrei Sprache in helfenden und beratenden Berufen, 2. Auflage, Norderstedt.

Aschenbrenner-Wellmann, Beate (2009): Vielfalt, Anerkennung und Respekt. Die Bedeutung der Diversity-Kompetenz für die Soziale Arbeit. In: Sanders, Karin/ Bock, Michael (Hrsg.): Kundenorientierung –Partizipation – Respekt. Neue Ansätze in der Sozialen Arbeit, Wiesbaden, S. 47-73.

Baier, Florian (2016): Menschenrechte – Leitlinien zur Gestaltung von Vielfalt an Schulen. In: Fischer, Veronika/ Geneger-Stricker, Marianne/ Schmidt-Koddenberg, Angelika (Hrsg.): Soziale Arbeit und Schule. Diversität und Disparität als Herausforderung, Schwalbach/Ts., S. 135- 149.

Baltes-Löhr, Christel (2014): Immer wieder Geschlecht – immer wieder anders. Versuch einer Begriffsbestimmung. In: Schneider, Erik/Baltes-Löhr, Christel (Hrsg.): Normierte Kinder. Effekte der Geschlechternormativität auf Kindheit und Adoleszenz, Bielefeld, S. 17-40.

Becker-Schmidt, Regina/Knapp, Gudrun-Axeli (2000): Feministische Theorien zur Einführung, Hamburg.

Biebricher, Martin (2011): Partizipation von Schülerinnen und Schülern – Herausforderungen und Handlungsansätze für die Soziale Arbeit. In: Baier, Florian/ Deinet, Ulrich (Hrsg.): Praxisbuch Schulsozialarbeit. Methoden, Haltungen und Handlungsorientierungen für die professionelle Praxis, 2., erweiterte Auflage, Opladen und Farmington Hills, S. 223-238.

Biewer, Dr. Gottfried/ Proyer, Dr. Michelle/ Kremser, Dr. Gertraud (2019): Inklusive Schule und Vielfalt, Stuttgart.

Böllert, Karin/ Karsunky, Silke (2008): Genderkompetenz. In: Böllert, Karin/ Karsunky, Silke (Hrsg.): Genderkompetenz in der Sozialen Arbeit, Wiesbaden, S. 7-15.

Bretländer, Bettina (2015): Menschen mit Behinderung oder behinderte Menschen?. In: Bretländer, Bettina/ Köttig, Michaela/ Kunz, Thomas (Hrsg.): Vielfalt und Differenzen in der Sozialen Arbeit. Perspektiven auf Inklusion, Stuttgart, S. 87-99.

Bretländer, Bettina/ Köttig, Michaela/ Kunz, Thomas (2015): Zu diesem Buch. In: Bretländer, Bettina/ Köttig, Michaela/ Kunz, Thomas (Hrsg.): Vielfalt und Differenzen in der Sozialen Arbeit. Perspektiven auf Inklusion, Stuttgart, S. 7-9.

Brungs, Matthias (2018): Bildung, Schule und Schulsozialarbeit in der Migrationsgesellschaft. In: Blank, Beate/ Gögercin, Süleyman/ Sauer, Karin E./ Schramkowski, Barbara (Hrsg.): Soziale Arbeit in der Migrationsgesellschaft. Grundlagen – Konzepte – Handlungsfelder, Wiesbaden, S. 471-482.

Brunner, Franziska/ Schweizer, Katinka (2016): Zur Diversität sexueller Orientierungen. In: Genkova, Peta/ Ringeisen, Tobias (Hrsg.): Handbuch Diversity Kompetenz. Band 2: Gegenstandsbereiche, Wiesbaden, S. 379-392.

Budde, Jürgen (2017): Heterogenität: Entstehung, Begriff, Abgrenzung. In: Bohl, Thorsten/ Budde, Jürgen/ Rieger-Ladich Markus (Hrsg.): Umgang mit Heterogenität in Schule und Unterricht. Grundlagentheoretische Beiträge und didaktische Reflexionen, Bad Heilbrunn, S. 13-26.

Budde, Jürgen/ Venth, Angelika (2010): Genderkompetenz für lebenslanges Lernen. Bildungsprozesse geschlechterorientiert gestalten, Bielefeld.

Buschhorn, Claudia/ Karsunky, Silke/ Werthmanns-Reppekus, Ulrike (2014): Editorial, Betrifft Mädchen, Jg. 27, H. 4, S.

Degele, Nina (2008): Gender /Queer Studies. Eine Einführung, Paderborn.

Deutschlandfunk Kultur (2020): Gendersternchen, Doppelpunkt und Co. Die Suche nach der passenden Lücke, https://www.deutschlandfunkkultur.de/gendersternchen-doppelpunkt-und-co-die-suche-nach-der.2156.de.html?dram:article_id=482142 (Zugriff 26.04.21)

Dern, Susanne (2018): Schutz vor Diskriminierung für Migrant_innen. Was (ver)bietet das deutsche Antidiskriminierungsrecht?. In: Blank, Beate/ Gögercin, Süleyman/ Sauer, Karin E./ Schramkowski, Barbara (Hrsg.): Soziale Arbeit in der Migrationsgesellschaft. Grundlagen – Konzepte – Handlungsfelder, Wiesbaden, S. 97-110.

Distelhorst, Lars (2009): Judith Butler. Paderborn.

Duden(2021):Gender-Pay-Gap,https://www.duden.de/rechtschreibung/Gender_Pay_Gap (Zugriff 10.03.21).

Duden (2021): transgender, https://www.duden.de/rechtschreibung/transgender (Zugriff 10.03.21).

Ehlert, Gudrun (2012): Gender in der Sozialen Arbeit. Konzepte, Perspektiven, Basiswissen. Schwalbach/Ts.

Ellerbe-Duck, Cassandra/Dzajic-Weber, Azra (2016): Die Diversity-Dimension Ethnische Herkunft und Hautfarbe. Einsichten und Überlegungen aus der Sensibilisierungsarbeit. In: Ringeisen, Tobias/ Genkova, Petia (Hrsg.): Handbuch Diversity Kompetenz. Band 2: Gegenstandsbereiche, Wiesbaden, S. 125-138.

Emmerich, Marcus/ Hormel, Ulrike (2013): Heterogenität - Diversity - Intersektionalität: Zur Logik sozialer Unterscheidungen in pädagogischen Semantiken der Differenz, Wiesbaden.

FaulenzA: Dopperkau, Marina (2017): Support your sisters not your cisters. Über Diskri-minierung von Trans*Weiblichkeiten. Münster.

Fleßner, Heike (2011): Die Kategorie Gender in der diversitätsbewussten Sozialpädagogik. In: Leibrecht, Rudolf (Hrsg.): Diversitätsbewusste Soziale Arbeit, Schwalbach/Ts., S. 61-78.

Fischer, Veronika (2016): Der Diversity-Diskurs und schulisch orientierte Soziale Arbeit. In: Fischer, Veronika/ Geneger-Stricker, Marianne/ Schmidt-Koddenberg, Angelika (Hrsg.): Soziale Arbeit und Schule. Diversität und Disparität als Herausforderung, Schwalbach/Ts., S. 65-132.

Funk, Wolfgang (2018): Gender studies. Paderborn.

Grigowski, Zita (2016): Trans*Fiction. Geschlechtliche Selbstverständnisse und Transfeindlichkeit. Münster.

Graff, Ulrike (2008): Gut zu wissen! Biografische Selbstreflexion als Genderkompetenz. In: Böllert, Karin/ Karsunky, Silke (Hrsg.): Genderkompetenz in der Sozialen Arbeit, Wiesbaden, S. 63-76.

Hartmann, Jutta (2012): Improvisation im Rahmen des Zwangs. Gendertheoretische Herausforderungen der Schriften Judith Butlers für pädagogische Theorie und Praxis. In: Ricken, Norbert/ Balzer, Nicole (Hrsg.): Judith Butler: Pädagogische Lektüren, Wiesbaden, S. 149-178.

Haude, Christin/ Volk, Sabrina/ Fabel- Lamla, Melanie (2018): Schulsozialarbeit inklusive. Ein Werkbuch. Göttingen.

Heite, Catrin (2010): Anerkennung von Differenz in der Sozialen Arbeit. Zur professionellen Konstruktion des Anderen. In: Kessl, Fabian/ Plößer, Melanie (Hrsg.): Differenzierung, Normalisierung, Andersheit Soziale Arbeit als Arbeit mit den Anderen, Wiesbaden, S.187-200.

Heite, Catrin/ Vorrink, Andrea J. (2018): Diversity. In: Katrin Böllert (Hrsg.): Kompendium Kinder – und Jugendhilfe, Wiesbaden, S. 1147-1158.

Hofmann-Lun, Irene (2014): Gendersensible Schulsozialarbeit an inklusivarbeitenden Ganztagsschulen. Betrifft Mädchen, Jg. 27, H. 4, S. 162-164.

Hönig, Babara (2011): Soziologische Perspektiven auf Gender und Diversity in der Sozialen Arbeit. In: Spitzer, Helmut/ Höllmüller, Hubert/ Hönig, Babara (Hrsg.): Soziallandschaften, Wiesbaden, S. 129-143.

Hornscheidt, Lann/Sammla, Ja'n (2021): Wie schreibe ich divers? Wie spreche ich gendergerecht. Ein Praxis-Handbuch zu Gender und Sprache. Hiddensee.

Hummrich, Merle (2017): Umgang mit Heterogenität in international vergleichender Perspektive. In: Bohl, Thorsten/ Budde, Jürgen/ Rieger-Ladich Markus (Hrsg.): Umgang mit Heterogenität in Schule und Unterricht. Grundlagentheoretische Beiträge und didaktische Reflexionen, Bad Heilbrunn, S. 159-173.

IMST – Gender_Diversitäten Netzwerk (2014): Gender_diversitätssensibler Sprachgebrauch Diskriminierungsfreie Schreib-, Sprech- und Bildsprache, Wien.

Katzenbach, Dieter (2017): Inklusion und Heterogenität. In: Bohl, Thorsten/ Budde, Jürgen/ Rieger-Ladich Markus (Hrsg.): Umgang mit Heterogenität, Regensburg, S. 123-139.

Kessl, Fabian/ Plößer, Melanie (2010): Differenzierung, Normalisierung, Andersheit. Soziale Arbeit als Arbeit mit den Anderen – eine Einleitung. In: Kessl, Fabian/Plößer, Melanie (Hrsg.): Differenzierung, Normalisierung, Andersheit Soziale Arbeit als Arbeit mit den Anderen, Wiesbaden, S. 7-16.

Klocke, Ulrich (2020): Sexuelle und geschlechtliche Vielfalt in der Schule. Interventionen zum Abbau von Diskriminierung und Aufbau von Akzeptanz. In: Timmermanns, Stefan/ Böhm, Maika (Hrsg.): Sexuelle und geschlechtliche Vielfalt. Interdisziplinäre Perspektiven aus Wissenschaft und Praxis, Weinheim und Basel, S. 357-387.

Kooperationsverband Schulsozialarbeit (2019): Das Selbstverständnis der Schulsozialarbeit angesichts gesellschaftlicher Herausforderungen, Frankfurt.

Kunert-Zier, Margitta (2015): Genderkompetenz in der Kinder – und Jugendhilfe. In: Bretländer, Bettina/ Köttig, Michaela/ Kunz, Thomas (Hrsg.): Vielfalt und Differenzen in der Sozialen Arbeit. Perspektiven auf Inklusion, Stuttgart, S. 137-146.

Kunz, Thomas (2015): Interkulturelle Soziale Arbeit und Interkulturelle Öffnung. In: Bretländer, Bettina/ Köttig, Michaela/ Kunz, Thomas (Hrsg.): Vielfalt und Differenzen in der Sozialen Arbeit. Perspektiven auf Inklusion, Stuttgart, S. 147-159.

Köttig, Michaela (2015): Mehrdimensionalität sozialer Ungleichheit – Intersektionalität als theoretische Rahmung und zur Analyse biografischer Erfahrungen. In: Bretländer, Bettina/ Köttig, Michaela/ Kunz, Thomas (Hrsg.): Vielfalt und Differenzen in der Sozialen Arbeit. Perspektiven auf Inklusion, Stuttgart, S.123-133.

Landesverband der Gehörlosen Baden-Württemberg e.V. (2015): Ein Leitfaden zur barrierefreien Kommunikation im kulturellen Bereich, Stuttgart.

Lünenborg, Margreth/Tanja, Maier (2013): Gender Media Studies. Eine Einführung. Konstanz und München.

Mayer, Marion/ Heischbourg, Carine (2018): Beratung in Leichter Sprache – Abbau von Exklusionsmomenten in der Beratung?!. In: Schulze, Heidrun/ Höblich, Davina/ Mayer, Marion (Hrsg.): Macht – Diversität – Ethik in der Beratung. Wie Beratung Gesellschaft macht, Opladen, Berlin & Toronto, S. 222-240.

Mecheril, Paul/ Plößer, Melanie (2015): Diversity und Soziale Arbeit. In: Otto, Hans-Uwe/ Thiersch, Hans (Hrsg.): Handbuch Soziale Arbeit, 5. erweiterte Auflage, München, S. 322-331.

Meuser, Michael (2013): Diversity Management – Anerkennung von Vielfalt?. In: Ludger Pries (Hrsg.): Zusammenhalt durch Vielfalt?. Bindungskräfte der Vergesellschaftung im 21. Jahrhundert, Wiesbaden, S. 167-182.

Migrationsrat Berlin e.V. (2020): lesbisch*, https://www.migrationsrat.de/glossar/lesbisch/ (Zugriff 10.06.21).

Multikulturelles Forum e.V. (2020): Antimuslimischer Rassismus, https://www.multikulti-forum.de/de/thema/antimuslimischer-rassismus (Zugriff 3.06.21).

Neue Deutsche Medienmacher (2021): NdM-Glossar. Wörterverzeichnis der neuen deutschen Medienmacher*innen (NdM) mit Formulierungshilfen, Erläuterungen und alternativen Begriffen für die Berichterstattung in der → *Einwanderungsgesellschaft, „Dritte Welt", https://glossar.neuemedienmacher.de/glossar/filter:d/ (Zugriff 4.06.21)

Neue Deutsche Medienmacher (2021): NdM-Glossar. Wörterverzeichnis der neuen deutschen Medienmacher*innen (NdM) mit Formulierungshilfen, Erläuterungen und alternativen Begriffen für die Berichterstattung in der → *Einwanderungsgesellschaft, „Schwarze", https://glossar.neuemedienmacher.de/glossar/filter:s/ (Zugriff 4.06.21)

Palzkill, Birgit/ Pohl, Frank G./ Scheffel, Heidi/ Baginski, Judith/ Müller, Günter (2020): Diversität im Klassenzimmer. Geschlechtliche und sexuelle Vielfalt in Schule und Unterricht, Berlin.

PONS (2021): Diversity, https://de.pons.com/%C3%BCbersetzung/englisch-deutsch/Diversity (Zugriff 2.02.21)

Pötter, Nicole (2018): Schulsozialarbeit, Freiburg im Breisgau.

Rainer, Heike (2020): Datenkonstruktionen zum Verständnis von Gender in Interviews mit Fachkräften der Schulsozialarbeit – Reflexive Überlegungen. In: Rose, Lotte / Schimpf, Elke (Hrsg.): Sozialarbeitswissenschaftliche Geschlechterforschung. Methodologische Fragen, Forschungsfelder und empirische Erträge, Opladen, Berlin & Toronto, S. 165-182.

Rohrmann, Tim/Wanzeck-Sielert, Christa (2018): Mädchen und Jungen in der KiTa. Körper – Gender – Sexualität, 2. erweiterte und überarbeitete Auflage, Stuttgart.

Rose, Lotte (2015): Geschlecht als soziale Unterscheidungskategorie in unserer Lebenswelt. In: Bretländer, Bettina/ Köttig, Michaela/ Kunz, Thomas (Hrsg.): Vielfalt und Differenzen in der Sozialen Arbeit. Perspektiven auf Inklusion, Stuttgart, S. 63-86.

Rudolf, Beate (2009): Gender und Diversity als rechtliche Kategorien: Verbindungslinien, Konfliktfelder und Perspektiven. In: Andresen, Sünne/ Koreuber, Mechthild/ Lüdke, Dorothea (Hrsg.): Gender und Diversity: Albtraum oder Traumpaar?. Interdisziplinärer Dialog zur „Modernisierung" von Geschlechterund Gleichstellungspolitik, Wiesbaden.

Schmauch, Ulrike (2015): Sexuelle Abweichung oder sexuelle Vielfalt? Zur Verschiedenheit im Bereich sexueller Orientierungen und Identitäten. In: Bretländer, Bettina/ Köttig, Michaela/ Kunz, Thomas (Hrsg.): Vielfalt und Differenzen in der Sozialen Arbeit. Perspektiven auf Inklusion, Stuttgart, S. 100-110.

Schmidt, Friederike/ Schondelmayer, Anne-Christin/ Schröder, Ute B. (2015): Selbstbestimmung und Anerkennung sexueller und geschlechtlicher Vielfalt. Lebenswirklichkeiten, Forschungsergebnisse und Bildungsbausteine – Einleitung. In: Schmidt, Friederike/ Schondelmayer, Anne-Christin/ Schröder, Ute B (Hrsg.): Selbstbestimmung und Anerkennung sexueller und geschlechtlicher Vielfalt. Lebenswirklichkeiten, Forschungsergebnisse und Bildungsbaustein, Wiesbaden, S. 9-24.

Schmitz, Johanna (2014): Feministische Mädchen_arbeit – Ein Raum für Trans-Jugendliche?. Freiburger Zeitschrift für GeschlechterStudien, Jg. 20, H. 1, S. 97-112.

Schönwälder, Karen (2007): Diversity und Antidiskriminierungspolitik. In: Krell, Getraude/ Riedmüller, Barbara/ Sieben, Barbara/ Vinz, Dagmar (Hrsg.): Diversity Studies. Grundlagen und disziplinäre Ansätze, Frankfurt/New York, S. 163-178.

Schramkowski, Barbara (2018): Paradoxien des ‚Migrationshintergrundes‘ Von vorder- und hintergründigen Bedeutungen des Begriffes. In: Blank, Beate/ Gögercin, Süleyman/ Sauer, Karin E./ Schramkowski, Barbara (Hrsg.):Soziale Arbeit in der Migrationsgesellschaft. Grundlagen – Konzepte – Handlungsfelder, Wiesbaden, S. 43-52.

Schwarzer, Beatrix (2015): Ansätze für eine diversity-sensible Soziale Arbeit. In: Bretländer, Bettina/ Köttig, Michaela/ Kunz, Thomas (Hrsg.): Vielfalt und Differenzen in der Sozialen Arbeit. Perspektiven auf Inklusion, Stuttgart, S. 195-205.

Sielert, Uwe (2015): Einführung in die Sexualpädagogik, 2. erweiterte und aktualisierte Auflage, Weinheim und Basel.

Speck, Karsten (2020): Schulsozialarbeit. Eine Einführung, 4. Auflage, München.

Spies, Anke/ Pötter, Nicole (2011): Soziale Arbeit an Schulen. Einführung in das Handlungsfeld Schulsozialarbeit, Wiesbaden.

Statistisches Bundesamt (Destatis) 2021: Migration und Integration. Migrationshintergrund, https://www.destatis.de/DE/Themen/Gesellschaft-Umwelt/Bevoelkerung/Migration-Integration/Glossar/migrationshintergrund.html (Zugriff 14.04.21).

Stüwe, Gerd/ Ermel, Nicole/ Haupt, Stephanie (2015): Lehrbuch Schulsozialarbeit, Weinheim und Basel.

Talhout, Lisa Joana (2019): Muslimische Frauen und Männer in Deutschland. Eine empirische Studie zu geschlechtsspezifischen Diskriminierungserfahrungen, Wiesbaden.

Thon, Christine (2017): Kategorie Geschlecht. In: Bohl, Thorsten/ Budde, Jürgen/ Rieger-Ladich Markus (Hrsg.): Umgang mit Heterogenität in Schule und Unterricht. Grundlagentheoretische Beiträge und didaktische Reflexionen, Bad Heilbrunn, S. 77-92.

UN-Behindertenrechtskonvention (2009): Übereinkommen über die Rechte von Menschen mit Behinderung, https://www.behindertenrechtskonvention.info/uebereinkommen-ueber-die-rechte-von-menschen-mit-behinderungen-3101/ (Zugriff 18.02.21)

Vinz, Dagmar (2016): Gender- und Diversity Studies in Deutschland, Österreich und der Schweiz. In: Sanders, Karin/ Bock, Michael (Hrsg.): Kundenorientierung –Partizipation – Respekt. Neue Ansätze in der Sozialen Arbeit, Wiesbaden, S. 297-311.

Voß, Heinz-Jürgen (2010): Making Sex Revisited. Dekonstruktion des Geschlechts aus biologisch-medizinischer Perspektive, Bielefeld.

Voß, Heinz-Jürgen (2011): Geschlecht. Wider die Natürlichkeit, Stuttgart.

Voß, Heinz-Jürgen (2018): Von der Präformation zur Epigenese: Theorien zur Geschlechtsentwicklung in der Biologie. In: Koreuber, Mechthild/ Aßmann, Birte Aßmann (Hrsg.): Das Geschlecht in der Biologie. Aufforderung zu einem Perspektivwechsel, Baden-Baden, S. 151-170.

Wagels, Karen (2013): Geschlecht als Artefakt. Regulierungsweisen in Erwerbsarbeitskontexten, Bielefeld.

Walgenbach, Katharina (2017): Heterogenität - Intersektionalität - Diversity in der Erziehungswissenschaft, Opladen und Toronto, 2. Auflage.

Walgenbach, Katharina/ Pfahl, Lisa (2017): Intersektionalität. In: In: Bohl, Thorsten/ Budde, Jürgen/ Rieger-Ladich Markus (Hrsg.): Umgang mit

Heterogenität in Schule und Unterricht. Grundlagentheoretische Beiträge und didaktische Reflexionen, Bad Heilbrunn, S. 141-158.

Wallner, Laura (2020): Diversity im Mainstream?. Diskurse über Vielfalt in der Privatwirtschaft und im öffentlichen Sektor, Weinheim und Basel.

Watzlawik, Meike (2020): Sexuelle Orientierung und Geschlechtsidentitäten: Thinking outside he box(es). Überlegungen aus entwicklungspsychologischer Perspektive. In: Timmermanns, Stefan/ Böhm, Maika (Hrsg.): Sexuelle und geschlechtliche Vielfalt. Interdisziplinäre Perspektiven aus Wissenschaft und Praxis, Weinheim und Basel, S. 22-39.

West, Candace/ Fenstermaker, Sarah (1995): Doing Difference. Gender & Society. Jg. 9, H. 1, S. 8-37.